AF579790

Los sistemas de educación superior en Latinoamérica

Transformaciones y transnacionalización. Un nuevo paradigma

Iriarte, Alicia
Los sistemas de educación superior en Latinoamérica :
Transformaciones y transnacionalización : Un nuevo paradigma / Alicia Iriarte. - 1a ed . -
Ciudad Autónoma de Buenos Aires : Diseño, 2018.
210 p. ; 21 × 15 cm.

ISBN 978-987-4160-63-8

1. Estudios Universitarios. 2. Educación. I. Título.
CDD 378.001

DISEÑO GRÁFICO: Karina Di Pace

Hecho el depósito que marca la ley 11.723

ISBN 978-987-4160-63-8
Febrero de 2018

Los sistemas de educación superior en Latinoamérica
Transformaciones y transnacionalización. Un nuevo paradigma

Alicia Iriarte
(compiladora)

diseño

Índice

Parte II
CUESTIONES DE LA UNIVERSIDAD LATINOAMERICANA. CRISIS, TRANSFORMACIONES, ESTUDIANTES

Prólogo

En consonancia con el escenario global, se han registrado transformaciones en los sistemas de educación superior en las últimas décadas, en tanto se ha ido configurando un modelo de universidad más orientada al mercado, y, según las tendencias más recientes, una educación universitaria que pasa a ser considerada como un servicio negociable, esto es, como una mercancía. Estas tendencias han significado cada vez más la mercantilización sufrida por la educación superior. Ésta es la razón económica que abre las puertas para la internacionalización de la educación superior.

Nos encontramos ante una universidad que cada vez más internacionaliza sus instituciones y se transnacionaliza guiada por el lucro. Según el modo de las organizaciones del mundo de los negocios, siguiendo la lógica de la renta.

La tendencia a una educación superior transnacional implica un cambio de paradigma y la conformación de un modelo de universidad más orientado por la ganancia y el interés comercial.

En consonancia con este nuevo modelo del mercado educativo global, surgen nuevos elementos a ser considerados, tales como *el incremento y la diversidad de los diferentes tipos de proveedores, el aumento en el grupo de clientes / usuarios, y un nuevo rol del estado en este sector educativo.*

Ante la innegable realidad de una educación superior cada vez más transnacionalizada deberán incorporarse a la agenda la ponderación de temas tales como la calidad de la enseñanza impartida, la evaluación y la acreditación de títulos, contenidos y programas.

La presente compilación reúne algunos artículos de nuestro grupo UBACyT de investigación, que continúan los trabajos desarrollados en anteriores proyectos, ya finalizados, que han indagado sobre las transformaciones de los sistemas universitarios en América Latina en las últimas décadas y donde se ha encarado metodológicamente el análisis comparado en países de la región.

En esta publicación contamos en la primera parte con los aportes brindados por el artículo de Alicia Iriarte y Ana Ferrazzino, *Internacionalización de los espacios académicos en América Latina. Universidad y educación superior transnacional* y su indagación sobre los procesos de la transnacionalización de la educación superior y la internacionalización de los espacios académicos en América Latina. En el mismo se desarrollan elementos que señalan cómo este modelo de educación superior transnacional implica un cambio de paradigma, en tanto se va conformando un modelo de universidad más orientado por la ganancia y el interés comercial, con nuevos proveedores, y grandes empresas educativas.

El trabajo de Ana Cravino, *Internalización de la Educación Superior. Movilidad de los estudiantes y su vinculación con el desarrollo científico-tecnológico* avanza en la temática de la transnacionalización en América Latina, brindando interesantes aportes sobre la movilidad académica de los estudiantes universitarios y profesores, países de origen, de destino, los estudiantes internacionales y los estudiantes extranjeros, redes internacionales, asociaciones y proyectos, nuevos programas académicos.

Juan Roldán, en *La Educación Transnacional: la participación de programas de educación a distancia en Argentina y América Latina. Cooperación y vínculos entre naciones*, indaga sobre políticas impulsadas desde el estado en materia de internacionalización, como así también a algunas experiencias de Argentina, convenios y acuerdos, brindando una mirada sobre los procedimientos de los convenios y programas de cotutela.

En la segunda parte del texto, se incluye el trabajo sobre *Crisis, mutaciones valorativas y jóvenes universitarios* de Alicia Iriarte, orientado más al análisis de las cuestiones vinculadas a los estudiantes universitarios, las grandes mutaciones valorativas y cómo definir el rol de la universidad en un mundo en crisis donde la incertidumbre es la única certeza. ¿los estudios universitarios estén adaptados a las necesidades del mercado?¿el aprendizaje propio de un mundo perdurable es aplicable a un entorno cambiante. ¿Esto habilita a la educación online?

Además, en esta compilación contamos con el aporte de Reynaldo Zorzi Neto, profesor del Instituto Federal de Educación en el Estado de Goiás, Brasil, miembro del grupo de investigaciones Panecástica. Su estudio *Lecciones amargas de la experiencia: Gobierno Fernando Henrique Cardoso, la reforma del estado y los impactos en la Educación Superior Brasileña en la década del 90*, nos ofrece una interesante mirada de las transformaciones que se vienen desarrollando en los sistemas de educación superior en Brasil, lo que contribuye a nuestro análisis de estudios comparados en Latinoamérica. Estos cambios se vinculan a la retirada del Estado en este sector, la reducción de la inversión pública en educación superior, y una significativa expansión de la educación privada, incidiendo significativamente en la relación público/privado.

De esta manera, los textos aquí reunidos intentan ampliar el tratamiento, debate y discusión sobre diversas cuestiones de la educación superior en la Argentina y en Latinoamérica, temas que se deslizan, en las últimas décadas, por los difíciles andariveles de los procesos de transnacionalización en la región, y en donde la devaluación de la educación superior como bien público y como derecho ciudadano entra en juego.

Dra. Alicia Iriarte, 2017

PARTE I

El paradigma de la transnacionalización en América Latina

Internacionalización de los espacios académicos en América Latina. Universidad y educación superior transnacional

Alicia Iriarte
Ana Ferrazzino

Introducción

Considerar la literatura en el tema de la educación superior transnacional y la internacionalización de los espacios académicos, implica comprobar que existe un conocimiento acumulado en torno a los aspectos que se vinculan a estas cuestiones. De tal forma, es posible fundamentarlas buscando especificar comportamientos y relaciones entre sujetos, instituciones y condiciones del contexto, como elementos que intervienen en la educación superior transnacional y la internacionalización de los espacios académicos. Asimismo, la meta explicativa busca conocer las razones de esta tendencia y las condiciones en que se manifiesta, para la elaboración de hipótesis a ser contrastadas en ulteriores investigaciones.

Una de las tesis principales que guían nuestro análisis es la que señala que, en estas nuevas estrategias de internacionalización priman tendencias orientadas por la mercantilización –donde la educación es entendida como mercancía y la universidad como empresa–, en tanto se postergan aquéllas que ponderen la educación superior como bien público y derecho; que propician los principios para que los individuos devengan ciudadanos activos.

En la elaboración académica sobre la internacionalización de la educación superior han prevalecido los enfoques de índole técnica (primordialmente originada en las agencias nacionales de cooperación y, en menor parte, por las mismas universidades) vinculado al perfeccionamiento de instrumentos y pautas para la gestión de políticas de cooperación internacional (Didou; 2004 y 2007).

Asimismo, otra realización de perfil crítico ha avanzado, asumiendo como eje central las tendencias hacia la "comercialización de los servicios educativos" en el marco del Acuerdo General sobre tarifas y servicios de la Organización Mundial de Comercio (Botto y Peixoto, 2007).

Este conjunto de preocupaciones vinculadas a las tendencias globales se formularon en la Declaración de Cartagena de la Conferencia Regional de Educación Superior, organizada por la UNESCO (2008), la cual propuso como objetivo esencial, la creación de un Espacio de Encuentro Latinoamericano y Caribeño de Educación Superior (ENLACES), que debería ser integrado a la agenda de los gobiernos y los cuerpos multilaterales de índole regional (Landinelli, 2009).

El presente trabajo se encuentra enmarcado dentro de la investigación "Transformaciones de los sistemas universitarios en América Latina: su adecuación a las tendencias del nuevo escenario internacional, la globalización y los cambios epocales. Las estrategias de transnacionalización de la educación superior (1995-2014)", que es acreditada y financiada por el Programa UBACyT, y se desarrolla actualmente en la Universidad de Buenos Aires, Argentina y dirigida por la Dra. Alicia Iriarte. Este proyecto es continuación de otros anteriores ya finalizados que han indagado sobre las transformaciones de los sistemas universitarios en América Latina en las últimas décadas y donde se ha encarado metodológicamente el análisis comparado en países de la región.

La globalización y la internacionalización de la educación superior

La globalización remite a un conjunto complejo de procesos de orden económico, político, tecnológico, cultural y educacional. De tal forma, entendida como proceso complejo, ha modificado el sistema espacial y temporal de todas las relaciones sociales. La transnacionalización no solo opera diluyendo las fronteras económicas sino también generando nuevas modalidades de interacción e impactando sobre los modos de aprender y enseñar.

Los procesos de globalización e internacionalización de la Educación Superior se relacionan, en tanto la globalización aparece como un catalizador, mientras que la internacionalización constituye su manifestación. La expresión "internacionalización de la ES" es de carácter multidimensional, pero la mayoría de los expertos considera que es la manifestación de la globalización llevada al campo educativo.

De tal manera, desde la perspectiva internacional de la educación superior Knight y de Wit (1999) afirman que:

a. "La globalización es el flujo de tecnología, economía, conocimientos, personas, valores, ideas... a través de las fronteras. Afecta a cada país de manera diferente en virtud de la historia, las tradiciones, la cultura y las prioridades de cada nación.
b. La internacionalización de la educación superior es una de las maneras en que un país responde a las repercusiones de la globalización, no obstante que respeta la idiosincrasia de la nación."
   Estas dos aseveraciones, están relacionadas activamente.

Rosanvallon (1997) en relación a esta gran transformación que se vive hace unas décadas sostiene que no puede reducirse a los meros fenómenos de extensión e internacionalización de los mercados. Si la globalización produce todos los efectos desestructurantes verificables como el impulso del crecimiento destruyendo puestos de trabajo, la multiplicación de las riquezas aumentando las desigualdades, etc., es también porque tiene lugar en el marco de una transformación de orden interno a largo plazo de las sociedades, que se ha ido estableciendo a través de la pauperización del Estado, y de la conversión en mercancías de los bienes públicos junto a la generalización de la inseguridad laboral.

La vulnerabilidad al impacto de la globalización se vincula a que han aparecido nuevas fragilidades y formas igualmente nuevas de desigualdad. Los *nuevos contextos* se caracterizan por lo que el acrónimo, en lenguaje anglosajón, se llama "VUCA": inciertos, complejos y ambiguos.

En consonancia con el escenario global, se han registrado transformaciones en los sistemas de educación superior en las últimas décadas, en tanto se ha ido configurando un modelo de universidad más orientada al mercado, y, según las tendencias más recientes, pasa a ser considerada como un servicio negociable, esto es como una mercancía. Ésta es la razón económica que abre las puertas para la internacionalización de la educación superior.

Actualmente, es incuestionable que el paradigma de universidad que sustenta la educación superior en América Latina expresa al modelo de intervención inherente a la mercantilización desplegada por la concepción capitalista globalizada. Desde esta perspectiva, proponemos una reflexión crítica acerca del sentido y el rol de los estudios superiores en tanto se intenta que las universidades sean administradas como corporaciones y adopten valores de las mismas: eficiencia, excelencia en el sentido corporativo.

Hoy, los Estados necesitan de las universidades no tanto para formar subjetividades ciudadanas, como era el caso de la universidad kantiana-humboldtiana, sino para preparar expertos que les permitan a los Estados "estar a la altura" de los tiempos, y las demandas del mercado. Por tanto, se orientan hacia otro tipo de educación: la reproducción del saber para acrecentar la producción y las ganancias, la administración de empresas para incrementar el lucro, la ingeniería y geología para expandir el extractivismo, investigaciones para aumentar los agronegocios. En fin, se trata de impulsar investigaciones que promuevan el "desarrollo" y de desautorizar investigaciones que muestren la retórica desarrollista.

Por su parte, Mignolo (2001) reflexiona sobre el rol histórico y social de las instituciones universitarias y su adopción, desde mediados del siglo XX, de valores corporativos a partir de los cuales se produce una mercantilización del conocimiento.

Analizando las principales características de los sistemas educativos de nivel superior se constata que se han incorporado pautas regidas por la *calidad* y la *eficiencia*, y se ha priorizado una *evaluación de las instituciones universitarias* según los criterios de productividad, además de *nuevos aparatos de acreditación*. Por otra parte, la universidad cada vez más internacionaliza sus instituciones y se transnacionaliza guiada por el lucro. Según el modo de las organizaciones del mundo de los negocios, siguen la lógica de la renta. Es el caso de las universidades corporativas que se asemejan a una empresa.

En el ámbito de la evaluación (Correa Arias, 2010), se produjo un desplazamiento del papel de la evaluación formativa hacia una evaluación competitiva. Las experiencias curriculares son reemplazadas por evidencias mensurables. Se avanzó con la estandarización y homogenización de las competencias, y la forma de evaluarlas en muchos casos, desconociendo la diversidad de las disciplinas. Por otra parte, hay serios problemas relacionados con la calidad de la oferta académica, la rectitud de los nuevos tipos de proveedores y el reconocimiento de las acreditaciones.

El estadio del capitalismo actual se ha estructurado en función de un paradigma productivo basado en la especulación financiera, y tiene su correlato en el ámbito de la educación superior en un modelo de universidad que se orienta por la ganancia, por la eficiencia, por la calidad; con la consecuente mercantilización de estas instituciones, dando lugar a la emergencia de lo que muchos denominan, en algunos casos, "pseudo universidades".

La dimensión internacional de la educación superior. Un cambio de paradigma

El proceso de globalización en el campo educativo dio lugar a la transnacionalización de la educación superior y a la internacionalización de los espacios académicos, expandiendo las fronteras del conocimiento contemporáneo (Iriarte, 2010; Rama, 2005), "*frente a los efectos homogeneizadores y desnacionalizadores de la globalización*" (Gacel y Ávila, 1999; 2003).

La educación superior transnacional implica un cambio de paradigma y la conformación de un modelo de universidad más orientado por la ganancia y el interés comercial.

En las décadas del 80 y 90 comienza a tener una mayor presencia la dimensión internacional de la educación superior en las agendas de las políticas de internacionalización, impulsadas por los organismos y agencias de cooperación internacional, en el contexto de fortalecimiento de los bloques político-económicos de los países centrales y de generación de bloques y sub-bloques regionales (Zarur Miranda, 2008).

La internacionalización de los espacios académicos se ha desarrollado como una nueva modalidad de educación transfronteriza. Estos procesos han implicado una universidad que internacionaliza sus instituciones, que se transnacionaliza, se virtualiza.

En esta línea, la liberalización del comercio de servicios, incluyendo a la educación superior, constituye un punto fundamental de las discusiones vigentes en tanto establece una cuestión compleja, ya fuere por las dimensiones que contiene, como por la multiplicidad de contextos que se advierten en las diferentes áreas mundiales. Los impactos de la globalización sobre la educación superior no son semejantes, y constituyen riesgos, oportunidades y desafíos que deben indagarse para desarrollar estrategias y políticas fundadas[1].

---

1 [http://www.upch.edu.pe/rector/durs/images/Biblio/AntecedentesContexto/CrisisDesafiosUniversidad/internacionalizaciondelconocimiento.pdf].

Esta fase se identifica por la creciente conformación de una fórmula tripartita, integrada por instituciones de educación superior públicas y privadas locales y privadas internacionales, que define como nuevos jugadores a los nuevos proveedores externos de educación superior.

Proveedores transnacionales. La educación sin fronteras

Este nuevo modelo del mercado educativo global se caracteriza por factores tales como *el incremento y la diversidad de los diferentes tipos de proveedores, el aumento en el grupo de clientes / usuarios*, y *un nuevo rol del estado en este sector educativo.*

Se ha producido una ampliación de la demanda de educación superior a escala mundial, hecho que sería, entre otros, uno de los impulsores del desarrollo del mercado de la educación sin fronteras. En tanto se cubriría una nueva demanda que proviene principalmente de un nuevo sector de estudiantes, que son adultos activos y que requieren modalidades de aprendizaje más flexibles. En consonancia, con esta tendencia es que han surgido *nuevos proveedores*, tales como las universidades corporativas y otros tipos de instituciones de lucro que se enfocan a cubrir esta nueva demanda.

Esa creciente demanda de educación superior a escala mundial incide para que aumente la oferta educativa a nivel transnacional y el desarrollo de la educación sin fronteras o transnacional, orientada hacia ese nicho de la oferta, que no es satisfecha por la demanda nacional en términos cuantitativos o de flexibilidad y según otras modalidades de aprendizaje, aprovechando el uso de nuevas tecnologías. Esta modalidad estaría más vinculada a ofrecer tipos de educación más flexible, con la finalidad de captar grupos no tradicionales y posibilidades de educación continua.

Otro factor a destacar es que este sector de la Educación Superior transnacional, que viene creciendo, está en *manos del sector privado*, responde a las leyes del mercado y no se sostiene con recursos públicos. Su principal fuente de ingresos lo constituye lo que aportan los estudiantes.

Otra característica de la educación transnacional y virtual es que se concentra en un *número limitado de áreas académicas*, dando prioridad a los sectores del conocimiento vinculados a áreas económico-administrativas.

Las consecuencias de la mercantilización de la educación superior impactarían, en particular, a los países latinoamericanos por su mayor vulnerabilidad y dificultades para competir en el "ranking" de universidades. El diseño de prestación de servicios es una peculiaridad de las asociaciones público-privadas, estimuladas por el Banco Interamericano de Desarrollo (BID) y el Fondo Multilateral de Inversiones (Fomin).

Asimismo, la introducción de los servicios de educación en el GATS[2], unido al surgimiento e incorporación de las TICs en la educación superior y el desarrollo creciente de la educación sin fronteras (o educación a distancia), serán sin duda los nuevos mecanismos mediante los cuales los procesos de privatización de la ES se acelerarán en el futuro.

Toda esta modalidad implica un cambio de paradigma facilitador de la transnacionalización educativa. El acceso y disponibilidad de estas herramientas impacta en el paradigma actual imponiendo pedagogías activas, con expertos en videoconferencias y una fuerte inversión en equipos docentes, factores que acentúan la tendencia a considerar a la educación como un producto de exportación.

Los proveedores transnacionales de ES se instalaron en América Latina en los '90, acentuándose esta tendencia desde el inicio del siglo XXI; su consolidación se volvió tema de reflexión e indagación[3]. El

---

2 GATS: Acuerdo General sobre el Comercio de Servicios. Es un tratado internacional de la Organización Mundial de Comercio (OMC) para extender el sistema de comercio multilateral al sector de los servicios.

3 El inicio de las políticas de integración de la educación superior en el bloque regional se ubica a comienzos de los años noventa en la primera Reunión de

avance de dichos procesos señala su transformación en *un servicio subordinado a las reglas del mercado*, con predominio de intereses de empresas educativas transnacionales.

Como ya se mencionó, se fortalecen los *proveedores transnacionales*, nuevos proveedores de educación virtual que suministran *servicios educativos con fines de lucro*. En este orden, la internacionalización de la educación superior también puede ser entendida como una potencial fuente de ganancias monetarias y de recursos humanos para los países que más reclutan estudiantes internacionales. De tal manera, la internacionalización se constituye como uno de los grandes componentes obligatorios de la gestión y de la política de las instituciones de educación superior.

En países europeos y también en países latinoamericanos con estructuras universitarias poderosas –como México, Brasil o Argentina–, el neoliberalismo académico no implicó simplemente una retirada del Estado. Aunque se redujeron los fondos públicos y aumentó la presión para el autofinanciamiento de la educación superior, las nuevas tendencias fueron acompañadas por un conjunto de tecnologías de control y disciplinamiento que buscaban que la lógica de la competencia, la productividad y la eficiencia empresarial, se incorporaran al trabajo universitario.

Se idearon sistemas de monitoreo de la "calidad" de la investigación basados en la cantidad de publicaciones en revistas especializadas, en el número de citas de artículos computados por empresas editoriales privadas y en el número de patentes registradas. Así se acentúa el perfil tecnocrático y neoliberal de la ES (Ospina Peralta, 2016).

Prontamente, el pensamiento crítico halló que estos sistemas de indicadores cuantitativos que restringían la calidad y la especificidad de conocimientos localmente significativos, valían para

---

Ministros de Educación que institucionalizará el llamado Sector Educación del MERCOSUR (SEM), el cual comenzará a delinear una agenda para la educación básica, la educación superior y en ciencia y tecnología.

transmutarlos en valores de cambio permutables entre sí, independientemente de su valor para el uso o el bienestar de las necesidades sociales (Ospina Peralta, 2016).

La nueva educación superior virtual rompe las estrechas fronteras nacionales y establece su nivel de cobertura a través de la red en la creciente sociedad de acceso a la misma, a la vez que promueve la creación de nuevos proveedores de educación virtual. Surgen las llamadas "megauniversidades" globales

Según palabras de Claudio Rama (2005)[4], "es esta convergencia digital de las industrias culturales, lo que transforma las bases tradicionales de la educación, permitiendo el pasaje de una educación artesanal a una educación industrial, donde el rol del artesano docente empieza a estar supeditado a los bienes y servicios culturales digitales en los mercados globales".

La educación superior transnacional. Ventajas y riesgos

El GATE –Global Alliance for Transnacional Education–, agencia que acredita a la educación superior transnacional, define a ésta como: "*... cualquier actividad de enseñanza o aprendizaje en la cual los estudiantes están en un país diferente (el país huésped) de aquel al cual pertenece la institución proveedora (el país proveedor). Esta situación requiere que las fronteras nacionales* sean cruzadas por información educativa y por los profesores y/o materiales educativos".

Siguiendo al GATE, la educación transnacional adoptaría *seis modalidades*: *la educación a distancia, la educación a distancia apoyada localmente, programas gemelos, programas articulados, sedes locales de instituciones extranjeras* y *acuerdo de franquicia.*

---

4 Ver el trabajo de Rama, Claudio. (2005). *La política de educación superior en América Latina y el Caribe. Revista de la Educación Superior*, Asociación Nacional de Universidades e Instituciones de Educación Superior. Distrito Federal, México.

En el Informe sobre la *Educación Superior en América Latina y el Caribe* (UNESCO/IESALC 2000-2005) se destaca cómo las *políticas de internacionalización de la educación superior* apuntan a programas de movilidad académica y estudiantil y constitución de redes, sin vínculos claros con los procesos de reforma educativa, en tanto se fortalecen los *proveedores transnacionales*, que suministran *servicios educativos con fines de lucro.*

En este contexto, la rendición de cuentas, la evaluación y la acreditación en la habilitación de proveedores transnacionales, el reconocimiento de títulos y la convalidación de créditos, así como la convergencia de los planes de estudio son temas que cobran importancia para su análisis[5]. Asimismo, podría decirse que se adoptó el paquete completo de las tecnocracias neoliberales para el ámbito de la educación superior: rankings, revistas indexadas, número de patentes (Ospina Peralta, 2016).

Para las universidades de los países proveedores, la educación transnacional significa, además, una oportunidad de diversificar las fuentes de financiamiento. A modo de ejemplo, puede señalarse el caso de las universidades británicas que en los últimos años, ante la estrechez del financiamiento público, aumentaron su actividad como exportadoras de educación superior hacia países asiáticos, Israel y sur de Europa. Asimismo, el sistema norteamericano de instituciones de educación superior ha ganado espacios en el plano internacional, según afirmaciones de García de Fanelli (1999), siendo América Latina uno de sus mercados potenciales.

Varios autores coinciden en que el proceso de internacionalización de la educación superior presenta tanto ventajas como riesgos; entre las primeras, podría señalarse la posibilidad de permitir mayor flexibilidad de los sistemas, ampliación de la oferta académica en espacios supranacionales, mejorar las posibilidades de acceso a la

---

5 Ver López Meyer, C.; Roitberg, H. (2004). "La universidad pública frente a la lógica del mercado". En Iriarte A. (comp.). *La universidad pública argentina ¿crisis o encrucijada?* Buenos Aires: Proyecto Editorial.

educación superior, incorporar las nuevas modalidades de estudios que surgen por la virtualización de la educación superior y aumentar la colaboración universitaria a escala global.

Entre las desventajas, pueden identificarse problemas vinculados a la calidad, el tema del reconocimiento oficial y la acreditación adecuada, así como la posibilidad de acceso a esta modalidad de los estudios sólo a estudiantes provenientes de sectores de ingresos más altos. Asimismo, es importante revisar el tema de la pertinencia de los programas académicos ofrecidos, los cuales podrían tender a satisfacer intereses transnacionales/globales más que a cuestiones nacionales/locales, entre otros, con el riesgo de debilitar la identidad cultural y los intereses y valores ciudadanos locales[6].

Estas preocupaciones se han ido acrecentando frente la proliferación de diversas modalidades de educación superior transnacional en varios países. En tal sentido Fanelli (1999) advierte sobre la necesidad de plantear el debate en cuestiones relacionadas con:

- el *reconocimiento oficial de las instituciones extranjeras* –en particular la autorización para instalarse en el territorio nacional y utilizar libremente el término universidad o equivalente– y el otorgamiento de títulos de grado y posgrado, sean académicos o profesionales;
- los procedimientos existentes para conceder *validez a títulos de instituciones extranjeras*, tanto por parte del Estado como por medio de las propias instituciones de educación superior que gozan del poder de otorgar títulos con validez nacional o a través de tratados o acuerdo internacionales y,

---

[6] Consultar en este tema Estrada Muy, R. y Julio Guillermo Luna. (2004). *Internacionalización de la Educación Superior: Nuevos Proveedores Externos en Centroamérica. Informe de Avance. Marco Digital Observatory for Higher Education in Latin America and the Caribbean - IESALC.* IES/2004/ED/PI/67. Reports available at [www.iesalc.unesco.org.ve], Guatemala.

- la *protección a los consumidores frente a la publicidad fraudulenta* y la información distorsionada[7].

Transnacionalización y comercialización internacional de servicios de educación superior

La "nueva realidad global" en los sistemas de educación superior ha quedado plasmada en los tratados de libre comercio suscriptos en el seno de la *Organización Mundial de Comercio.* Allí, la *educación fue incluida entre los doce servicios negociables*, lo cual implica entenderla como *mercancía*, visión que se contrapone al ideal difundido de considerarla como *bien público/derecho* (García Guadilla, 2004). Las dos últimas concepciones, enfrentadas entre sí, traen como consecuencias, tensiones y conflictos entre Estado, sociedad e instituciones educativas.

La Asociación de Universidades del Grupo Montevideo (AUGM)[8] se declaró reiteradamente en contra del Acuerdo General sobre Comercio de Servicios (AGCS)[9]. En la "Carta de Porto Alegre"[10],

---

7 Ver el estudio realizado por García de Fanelli, A. (1999). *La educación transnacional - la educación trasnacional: la experiencia extranjera y lecciones para el diseño de una política de regulación en la Argentina.* Bs. As. CEDES - Centro de Estudios de Estado y Sociedad.

8 Surgido en 1991 a partir del acuerdo firmado entre ocho universidades públicas (cinco argentinas, una de Uruguay, y sendas de Brasil y Paraguay).

9 La Asociación de Universidades del Grupo Montevideo (AUGM) se declaró en contra del Acuerdo General sobre Comercio de Servicios (AGCS), convocando a los gobiernos a no suscribir acuerdos ante la OMC y a recuperar la dimensión social de la educación superior –ver cartas de Porto Alegre (2002), del Salvador (2003) y de Guadalajara (2004) [http://www.grupomontevideo.edu.uy]. La Unión de Universidades de América Latina UDUAL, en mayo 2004, emitió la declaración de Boyacá (Tunja, Colombia) alertando sobre las *consecuencias negativas del AGCS para las universidades latinoamericanas.*

10 Carta de Porto Alegre, aprobada por la III Cumbre Iberoamericana Rectores de Universidades Públicas. Brasil, Porto Alegre, 25/27 abril 2002.

los participantes de la III Cumbre Iberoamericana de Rectores de Universidades Públicas manifestaron su preocupación frente a las políticas impulsadas por la OMC, que favorecen la *comercialización internacional de los servicios de educación* (García Guadilla, 2005), asemejándolos a mercancías; declarando que los *académicos iberoamericanos reafirman los compromisos asumidos por los gobiernos y por la comunidad académica internacional en la Conferencia Mundial de Educación Superior* (París, 1998), ***considerando a la ES como un bien público, alertando a la comunidad universitaria y a la sociedad en general sobre las consecuencias nefastas de dichos procedimientos, y demandando a los gobiernos de sus respectivos países que no suscriban ningún compromiso en esta materia***, en el marco del GATS de la OMC (Didou Aupetit, 2005). Además, los Ministros de Educación del MERCOSUR, se pronunciaron a favor de una concepción de la *educación, como bien social y de responsabilidad pública*, cuya internacionalización y cooperación internacional debe basarse en valores académicos y culturales[11].

El libre comercio de los servicios de ES se inscribe en un proceso de recortes del financiamiento público, y fomento a la globalización de la educación privada, donde los Estados abandonan su función de orientación y gestión en áreas de su responsabilidad social. Estos planteamientos lesionan seriamente las políticas de equidad indispensables para el equilibrio social[12]. En este orden, "las herramientas neoliberales de homogenización y estandarización del conocimiento ofrecen un paquete de tecnologías rápidas y eficientes para el control desde arriba y la vigilancia cerrada y estrecha de las conductas universitarias. El paquete neoliberal resulta de utilidad cuando se está convencido de la inexistencia de actores sociales para realizar transformaciones" (Ospina Peralta, 2016).

---

11 XXVI Reunión de Ministros de Educación de los Países del MERCOSUR, Bolivia y Chile (2004), Buenos Aires, Argentina.

12 Ibídem.

En el Informe sobre la *Educación Superior en América Latina y el Caribe (UNESCO/IESALC 2000-2005)* se destaca cómo las políticas de internacionalización de la educación superior apuntan a programas de movilidad académica y estudiantil y constitución de redes, sin vínculos claros con los procesos de reforma educativa, en tanto se fortalecen los **proveedores transnacionales, que suministran servicios educativos con fines de lucro.**

En este escenario globalizado, las instituciones educativas compiten entre sí por un mercado de alumnos, brindando sus servicios educativos/mercancías, mediante innovadoras herramientas y dispositivos que la sociedad de la información ofrece, en un contexto de notorios desequilibrios socioeconómicos (Brunner y Uribe, 2007). Para Tedesco (1995), los cambios en la sociedad actual están íntimamente vinculados con las nuevas tecnologías de la información. Estas tecnologías tienen un impacto significativo no solo en la producción de bienes y servicios, sino también en el conjunto de las relaciones sociales. Asimismo, en tiempos de innovación, incertidumbres y ambigüedades, la digitalización impacta en las competencias y habilidades requeridas para cada puesto de trabajo.

Existen factores que resultan claves en estos procesos; por un lado, la globalización de las TICs, las comunicaciones y los conocimientos, que hizo posible la comunicación inmediata entre lugares muy distantes y el intercambio de ideas, opiniones y conocimientos. Así, las nuevas tecnologías de la información que facilitan la educación a distancia y, por otro, las acciones que se orienten a posibilitar la internacionalización del currículum (Bates, 2001; Theiller, 2005) que permitirían la movilidad de estudiantes y profesores, y la acreditación internacional de las carreras.

En tal sentido, el llamado *Proceso de Bolonia* ya no puede considerarse sólo como un fenómeno europeo, en tanto, un pequeño grupo de representantes de universidades europeas y latinoamericanas del Espacio Común de Enseñanza Superior de la Unión Europea, América Latina y el Caribe (UEALC) han adoptado dicha propuesta, impulsando su aprobación ante los órganos europeos bajo el nombre de *Proyecto Tuning-América Latina*[13] (Iriarte, 2010; Tiana, 2009).

La competencia por la "calidad", (Brunner, 2000) "llevaría a un uso cada vez más extendido de medidas de comparación internacional, donde los países adoptan políticas de logro nacional y eficiencia en detrimento de objetivos de equidad y cohesión sociales. La calidad de la educación (Rama, 2008) se asocia a *"estándares internacionales*[14] *e incorporación creciente de nuevas tecnologías de comunicación e información"*[15].

Valdría argumentar que la **internacionalización** podría considerarse un proceso dinámico que se caracteriza por la **cooperación internacional**, que se asienta en el diálogo intercultural y respetuosa de la identidad de las instituciones y los países participantes, así como en el diseño y creación de redes interuniversitarias y de espacios académicos y curriculares extendidos (Anuario SPU, 2010). Sin embargo, los procesos de **transnacionalización de la ES implican su transformación en un servicio subordinado a las reglas del mercado** (Iriarte, 2008; Iriarte & Ferrazzino, 2007; Iriarte, 2004) con predominio de los intereses de las empresas educativas transnacionales.

Siguiendo lo que sostiene García Guadilla (2005), en la **transnacionalización** se facilita el establecimiento de filiales de universidades extranjeras, venta de franquicias académicas, fundación e

---

13 Proyecto Tuning América Latina (2004-2008) y (2011-2013), que se propone impulsar, a escala latinoamericana, un importante nivel de convergencia de la educación superior en doce áreas temáticas, construyendo un espacio de Educación Superior en América Latina a través de la convergencia curricular.

14 Véase: Directrices para la provisión de calidad en la educación superior transfronteriza en OECD-UNESCO (2005). *Guidelines for Quality Provision in Cross-border Higher Education.*

15 Sobre calidad y evaluación ver, Fernández Lamarra, N. (2006). La evaluación y la acreditación de la calidad: Situación, tendencias y perspectivas. - López Meyer, C.; Roitberg, H. (2004). Problemática de la Universidad Pública. Calidad y evaluación, financiamiento y mercado, en A. Iriarte (comp.). *La universidad pública argentina ¿crisis o encrucijada?*, op. cit.

instalación de universidades corporativas, auspiciadas por grandes empresas transnacionales, difusión de programas e instituciones virtuales administradas por universidades y empresas de las naciones más desarrolladas, aparición de programas conjuntos entre universidades locales y extranjeras con doble titulación, así como programas articulados y programas gemelos.

Derechos y las asimetrías entre empresas educativas

Ante esta situación, han surgido voces de alerta por la amenaza latente que este fenómeno de internacionalización de la ES pudiera representar para la soberanía e identidad cultural de los países emergentes (Hermo y Piattelli, 2008; Fernández Lamarra, 2012), planteando cómo "en América Latina la transnacionalización de la educación superior se ha acentuado desde el inicio del siglo XXI", constituyéndose en una nueva problemática en Educación Superior.

Aun cuando Knight (2002) reconoce que la comercialización de la educación ya existía mucho antes, dentro y fuera de la esfera de los acuerdos comerciales, apunta que es crítico no subestimar las implicaciones potenciales, es decir los riesgos y las oportunidades que se presentan a partir del GATS.

La educación ha sido vista como un derecho. Ella no ha sido considerada como un bien sino como un servicio público y, por ende, sujeto a regulaciones que pueden ser brindadas por el sector público o por el sector privado o comunitario, etc., en condiciones de concurrencia o en forma monopólica, asociado a como se lo concibe como derecho, que es donde se ubica su enfoque. En tanto derecho, la educación se ha concebido desde sus inicios como un derecho humano, al ser incorporado como uno de los derechos fundamentales de las persona.

Las cuestiones acerca de cómo la comercialización de servicios educativos influyen en el derecho a la educación deben ser un segmento fundamental de los Derechos Humanos. Visto la función primordial de la educación en un mundo donde predomina la sociedad del conocimiento y la tecnología de la información y la comunicación (TICs), debe reflexionarse acerca de la centralidad de algunos derechos civiles (Derechos de Primera Generación) y algunos derechos socioeconómicos (Derechos de Segunda Generación), entre los cuales está el derecho a la educación superior, como uno de los ejes medulares de los derechos fundamentales.

En pos de la soberanía se plantearía el cuestionamiento del marco jurídico neoliberal -expresado en los tratados de libre comercio y de inversiones- que le da gran poder a las transnacionales. En nombre de la desregulación se imponen cada vez más normativas que no tienen al bienestar colectivo como objetivo principal. Precisamente, las normas y medidas adoptadas por el proceso de globalización económica han incidido en la prosperidad ciudadana y limitado la conformación de una ciudadanía sustentada en el disfrute de los derechos humanos. También, han afectado la viabilidad del Estado para ejecutar sus "obligaciones de respeto, protección y garantía de esos derechos" (Abramovich, 2005).

En este marco, no se puede concretar el derecho fundamental a la educación superior, que es un *Derecho de Primera Generación y de Segunda Generación*. En efecto, si no existe igualdad de oportunidades para acceder a la educación superior internacional, si no se tiene la libertad de acceder a la información global, así como los recursos, no se puede realizar el derecho fundamental a la educación superior. Así, el Derecho Humano a la educación pasa a configurarse como un *Derecho de Tercera Generación*, un derecho internacional" (Flores, 2014).

Entre otras, es marcada la tendencia de los mecanismos de captura del poder por parte de las corporaciones, la compra de instituciones académicas, la expansión de las universidades corporativas, el control oligopólico de las publicaciones científicas o el creciente control financiero sobre la misma Organización de las Naciones Unidas. La importancia de las universidades en esta era del conocimiento debe obligar a los gobiernos a revisar sus políticas con relación a la educación superior.

En este contexto, existen fuertes asimetrías de poder entre las empresas de educación superior y otros sectores, e incluso entre las empresas y el Estado. Estas asimetrías generan situaciones de abusos y violaciones de los derechos humanos. Sectores de la sociedad civil y de la academia que no aceptaron, insisten en la necesidad de obligaciones vinculantes para las empresas transnacionales en el ámbito internacional.

Claudio Rama (2014) sostiene que nos encontramos ante un complicado proceso de cambio de los sistemas de educación superior que en el campo de los Derechos Humanos, van transformándose desde un servicio público nacional, es decir, un Derecho de Primera Generación -o Derechos Civiles- y de Segunda Generación -o Derechos Económicos, Sociales y Culturales- que tienen como objetivo fundamental garantizar el bienestar económico, el acceso al trabajo, la educación y a la cultura de los pueblos, van evolucionando hacia una oferta educativa de tercer nivel, constituyéndose en un *Derecho de Tercera Generación.*

Así, la posición desventajosa que ocupan los derechos económicos, sociales y culturales en el ámbito normativo internacional resta fuerza al derecho a la educación superior -que es un derecho social y económico- en su lucha por afrontar la nueva lógica mundial.

Como Derecho de Tercera Generación, la Educación Superior ya no se trata como un derecho socioeconómico (Segunda Generación) que demanda "la subsidiación del Estado con medios que no pertenecen a ningún individuo en particular (...). Esto modifica el carácter de territorialidad y el sentido de compromiso de la Sociedad Civil" (Touriñán López, 2008). Limita las potestades de los Estados de definir políticas públicas de educación superior en función de interés público.

La liberalización del comercio constituye una intimidación al resguardo de los derechos humanos considerando que, en muchos casos, las obligaciones tomadas en el orden comercial resultan incongruentes con los compromisos de los estados en torno a derechos fundamentales. En esta línea, se supone que los convenios comerciales de servicios de educación superior tienden a la liquidación de la educación pública y a la privatización de los servicios sociales convirtiéndola en una mercancía.

En tanto Derecho de Tercera Generación, una de las cuestiones es *cómo responsabilizar a las empresas de educación superior –personas jurídicas– por violaciones a los derechos humanos, en la medida en que éstos son responsabilidad de los Estados.*

Una propuesta pasa por la creación de leyes y normas en el ámbito nacional que hagan operativos estos derechos y transformen las violaciones de las empresas de educación superior en delitos o abusos. El papel del Estado-nación es central, pues queda todo bajo su responsabilidad. Aunque el Estado delegue la educación superior a particulares, conserva la facultad legislativa, reglamentaria y de vigilancia (Medrazo & Beller, 1995).

Una opción muy discutida es la de apelar al sistema internacional, positivar jurídicamente los derechos humanos, o sea, transformarlos en ley, y hacer responsables a las empresas también en ese nivel. Esa posibilidad implica otros desafíos: a) la necesidad de establecer un mecanismo de aplicación; b) la propia positivación de los derechos humanos, y c) el hecho de otorgar a las empresas de ES estatuto jurídico internacional similar al de los Estados, que incluya obligaciones, pero también derechos.

Una iniciativa intermedia propuesta por algunos grupos es la adopción internacional de las reglas de extraterritorialidad que hablan de las obligaciones de los Estados en materia de derechos humanos con relación a personas fuera de su territorio, esto permitiría que los perjudicados/damnificados accedieran a la justicia en más de una jurisdicción nacional, así como la cooperación oficial en los procesos entre sistemas judiciales de varios Estados.

Otro tema a discutir es identificar a los responsables de las acciones contra los derechos humanos. En este punto, la primera distinción es entre la responsabilidad de la empresa de ES como persona jurídica y la de sus directores. Una segunda dimensión de esta cuestión es la responsabilidad "solidaria" de las empresas matrices con sus filiales, subsidiarias o cadena de proveedores[16].

Modalidades de educación superior transnacional

La educación superior transnacional puede ser analizada, según se mencionó, siguiendo la tipología elaborada por la Global Alliance for Transnacional Education (GATE) -entidad fundada en 1995 por corporaciones multinacionales lideradas por la corporación multinacional de telecomunicaciones Jones Internacional– que resulta de utilidad para analizar las diferentes modalidades de la educación transnacional[17].

Los estudios que analizan las formas en que interactúan estas modalidades de educación superior transnacional, en general se preocupan por la manera en que afectan la calidad educativa, los instrumentos utilizados para coordinar la acreditación de la oferta transnacional, y sobre la validez de los cursos impartidos para el ejercicio profesional de los graduados.

En América Latina se pueden encontrar varios trabajos que abordan estas cuestiones (Didou, 2008; Garcia de Fanelli, 1998; Villanueva, 2003; Rama, 2003, y otros). En todos los casos, se resalta la necesidad de comparar experiencias, profundizar el debate en torno a los impactos de la educación transnacional y evaluar los mecanismos requeridos para la optimización de los sistemas de educación superior en función de estas tendencias.

Las modalidades que puede adoptar la educación superior transnacional son:

• ***Educación a Distancia ("distance education")***

En la educación virtual o a distancia la oferta educativa que procede de un país a otro y, en ocasiones, supone movilidad física; en

16 Ver:[http://nuso.org/articulo/derechos-humanos-y-empresas-transnacionales/?page=4]

17 Ver: García de Fanelli, A. (1999), op. cit.

general, más allá del uso de Internet, los alumnos acceden a un centro de estudios en el país de origen y pueden optarpor cumplir el programa en la institución proveedora.

En esta modalidad, el estudiante realiza sus estudios con dedicación parcial o total inscribiéndose directamente en la institución que provee la educación a distancia. En algunos casos, debe viajar al país proveedor del programa para asistir, por ejemplo, a reuniones de trabajo. Los exámenes son enviados para su corrección a la institución extranjera. Una tecnología privilegiada para este tipo de modalidad es Internet[18].

Conforme al estudio realizado en IELSAC/UNESCO, "Un nuevo escenario en la Educación Superior en América Latina: La Educación virtual" en *La educación superior virtual en América Latina y el Caribe*, puede señalarse que en el mercado internacional de educación a distancia, ocupa un lugar destacado la Universidad Abierta del Reino Unido.

Por citar algún ejemplo de esta modalidad, podemos señalar la Atlantic Internacional University, AIU, con sede central en Honolulu, Hawái, EUA. Ofrece 15 programas en el área de Administración y Economía, 24 programas en Ciencias e Ingeniería y 17 en Estudios Sociales y Humanidades. La Atlantic International University está acreditada por la agencia "Accreditation Service for International Schools, Colleges, and Universities (ASIC)".

La acreditación de ASIC cuenta con gran prestigio internacional con altos estándares de calidad en Colegios y Universidades. ASIC es una agencia acreditadora aprobada por el Departamento Ministerial de la Oficina de Gobierno en el Reino Unido (Ministerial Department of the Home Office in the UK) -AIU- cumple

---

18 Knight, Jane. (2002). *Trade in Higher Education Services: The Implications of GATS*. The Observatory on Borderless Higher Education. London. [http://www.unesco.org/education/studyingabroad/highlights/global_forum/gats_he/jk_trade_he_gats_implications.pdf] -Peace Lenn, M. (1997). The Global Alliance for Transnational Education: Transnational. Eunis. Grenoble.

con todas las regulaciones locales y federales como institución que otorga títulos académicos en los Estados Unidos y en el Estado de Hawai. Las plataformas del Campus Virtual y MYAIU acercan a los estudiantes en línea a la Universidad. AIU ofrece carreras para estudiantes adultos en los niveles de licenciatura, maestría, doctorado, y post-doctorado con una gran variedad de especialidades y áreas de estudio.

En este escenario de la educación a distancia, Brasil ha sido el país con mayor impulso en la región. Este proceso ha sido potenciado en las instituciones educativas, permitiéndoles que hasta el 20% de sus cursos fuera a distancia. También se pudo apelar a recursos públicos adicionales para incrementar esa oferta, y se desarrolló una política amplia de autorización a las instituciones para ofertar bajo la modalidad a distancia. Así, mientras que en el 2002, la matrícula presencial en Brasil era de 3.030.754 la virtual era de 84.713 en 60 cursos (2,79%) (Vianney y Torres, 2003), para 2007 se alcanzó a 339.000 alumnos universitarios bajo las distintas modalidades de educación a distancia, y de tal forma, Brasil se está consolidando como el país con la mayor matrícula de educación a distancia de la región.

Según señala Claudio Rama (2012) sobre el establecimiento de universidades a distancia internacionales en la región[19], *se está produciendo el pasaje de las instituciones nacionales a propiedad compartida de grupos internacionalizados*; la compra de universidades presenciales, ha sido acompañada por la compra de instituciones a distancia. Así también, *aquellos proveedores de educación superior que operan en forma virtual o a distancia, en alianza con al menos una universidad local, a merced a esta alianza buscan autorización y/acreditación de sus programas académicos.*

[19] En este tema se ha consultado el trabajo de Claudio Rama. (2012). La internacionalización de la educación a distancia en América Latina. The Internationalization of Distance Education in Latin America. Claudio Rama. (2012). Universidad de la Empresa. Cuestiones de Sociología. UNLP. N° 8. [http://www.cuestiones-sociologia.fahce.unlp.edu.ar]. Observatorio de la Educación Virtual en América Latina (Virtual Educa) (Uruguay).

Aquí se puede citar como ejemplo a la universidad a distancia más grande de la región, la Universidade Norte do Paraná (UNOPAR) de Brasil, fundada en el año 1972, con gran cantidad de alumnos no presenciales. UNOPAR es una universidad líder en la modalidad educación a distancia, cuenta con una red de 469 polos de educación a distancia autorizados.

Esta institución fue adquirida por el grupo Kroton Educacional (Reis, 2012). La compañía de educación privada Kroton Educacional S.A adquirió en 2011 el 100% del capital de la Unión del Norte de Educación de Paraná Ltda., UNOPAR con 162000 estudiantes y 146000 cursos a distancia en ese momento y 3 campus el norte de Paraná. De esta manera, el Kroton se convirtió en una de las organizaciones educativas líderes en el mundo con cerca de 264000 alumnos, y 45 campus distribuidos en todas las regiones del país en el segmento enseñanza a distancia (EAD)[20].

Previo a la adquisición de UNOPAR, Kroton contaba con 40 unidades de Enseñanza Superior, localizadas en 29 ciudades de 9 estados en Brasil y contaba además con más de 770 escuelas asociadas en todo el país, además de 5 en Japón y una en Canadá.

Vemos, entonces, cómo un grupo empresario se va haciendo cargo de parte de la educación universitaria, en este caso en el Brasil. En efecto, hoy, Kroton es una las principales organizaciones educativas de Brasil y una de las mayores a nivel mundial en términos de cantidad de alumnos y capitalización de mercado, y de concluirse las negociaciones en curso con otras instituciones tendrá cerca del doble de matrícula y sería la institución unitaria con más estudiantes en la región[21].

---

20 El paquete accionario de control de Kroton Educacional es ejercido a través de distintos vehículos societarios (Pitágoras Administración e Participações, Neiva Participações, Samos Participações, Júlio Fernando Cabizuca y Citissimo Participações) en partes iguales por los accionistas originales de la sociedad Pitágoras y el Fondo de Inversiones, Brasil Gestão e Participação, un fondo de inversión administrado por Advent International Corporation.

21 [http://www.diariodefusiones.com/?Kroton_Educacional_de_Brasil_compra_la_

La segunda universidad a distancia en Brasil por cantidad de estudiantes es el Grupo Anhanguera con 83 mil alumnos, también de propiedad internacional, en este caso del Grupo Laureate que tiene 13 universidades en Brasil y 31 en toda la región. A escala regional, el TEC de Monterrey en matrícula a distancia sería la segunda institución en tamaño[22]. *Anhanguera Educacionales* la segunda mayor institución de educación profesional privada en Brasil, con más de 400.000 estudiantes en su sistema escolar en 2013.

Un caso para el análisis: Kroton / Anhanguera

La fusión entre Anhanguera y Kroton, sorprendió al mercado. La compañía que resulta del acuerdo, superará en valor de mercado al grupo chino New Oriental. En 2013, *El Economista* señalaba que las brasileñas Anhanguera y Kroton crearían el grupo educativo más grande del mundo por valor de mercado, luego del anuncio de ambas empresas que negociaron su fusión en una sola semana. La nueva compañía, especializada en enseñanza superior privada, tendría un valor de mercado de 6,290 millones de dólares, el doble que el grupo chino New Oriental dedicado al mismo sector[23].

La transacción entre Anhanguera y Kroton, dependía de la aprobación de la autoridad antimonopolios de Brasil, Cade, que ha señalado que aumentará la rigurosidad de sus criterios sobre operaciones

---

universidad_Unopar__en_US__698%2C7_millones&page=ampliada&id=427&_s=&_page=tags 3]

[http://www.s2publcom.com.br/imprensa/ReleaseTextoS2Publicom.aspx?press_release_id=26]. Rama, C. 2012. *Cuestiones de Sociología.* UNLP. N° 8.

22 Rama, Claudio (2012). *La Educación Superior a Distancia en La Educación Superior a Distancia en América Latina y el Caribe. Realidades y tendencias*, La Plata: UNLP, FaHce.

Torres Lupion, P.; Rama, C. (2007). *La Educación Superior a Distancia en América Latina y el Caribe. Realidades y Tendencias.* Santa María, Brasil: Editora UNISUL.

23 [http://eleconomista.com.mx/].

en el sector educativo. La solicitud de fusión fue enviada a la Cade. El punto sensible en la operación es el segmento de aprendizaje a distancia. Cada compañía tiene cerca de 450,000 alumnos (alrededor de 45% del mercado de Brasil).

En el siguiente cuadro podemos dimensionar la magnitud de los principales grupos educativo del mundo, donde se aprecia claramente que el grupo Kroton/Anhanguera obtiene un importante porcentaje en relación al resto.

Cuadro Nº 1. Principales grupos educativos del mundo

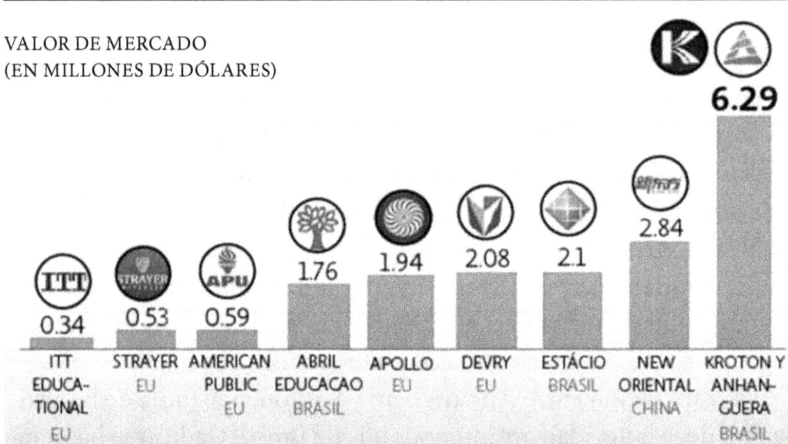

Fuentes: BM&FBOVESPA, NYSE, ECONOMÁTICA y EMPRESAS

La nueva empresa de educación, cuyo nombre no estaba definido, acumularía una facturación anual de 2.126 millones de dólares y un millón de estudiantes matriculados en cursos de enseñanza presencial y a distancia. Kroton tendrá 57.48% de la composición accionaria del nuevo grupo y Anhanguera controlará 42.52%. Al respecto, Scavazza, de Anhanguera y miembro de la junta directiva de la nueva compañía, afirmó que "es la fusión de dos empresas con estructuras muy similares".

La empresa salida de la operación afirma tener 130 campus de educación presencial en 19 de los 27 estados brasileños, marcas como Pitágoras o Anhanguera y más de un millón de alumnos, y prevé ingresos de 4.700 millones de reales (1.525 millones de euros).

Según señalan los especialistas, la ascensión de Kroton ha sido meteórica[24]. Fundada en 1966 como colegio Pitágoras –Crotona, hoy en Italia, era la sede de la escuela del matemático y filósofo griego–, la empresa era, hasta principios de siglo, una de las miles que, en Brasil, se dedicaban a la formación de alumnos para las durísimas pruebas de acceso a la universidad. En 2009, el fondo estadounidense Advent se hizo con el 28% de Kroton. La empresa había salido a Bolsa dos años antes.

Gracias al capital del fondo estadounidense, Kroton pudo lanzarse a un proceso de expansión en el que llegó a hacerse con otras 25 empresas y ganar una posición de relevancia en el hiperatomizado mercado de la educación privada. De una de las adquisiciones, Unic, basada en el Estado de Mato Grosso, surgió quien hoy es presidente de la compañía. Al respecto, miembros de la empresa comentan... "Nosotros ya habíamos empezado en Unic un proceso de profesionalización y modernización, por mera supervivencia", "lo que hicimos fue llevar ese aprendizaje al resto de la empresa, lo que no hizo sino mejorar su posición en el mercado".

Pero la auténtica prueba de fuego se produjo tras el anuncio de la fusión con Anhanguera, otra empresa que había pasado por un proceso de crecimiento explosivo. Las autoridades reguladoras tardaron más de un año en dar su visto bueno a la operación. Galindo ha señalado que en el transcurso de ese tiempo "hubo tiempo a estudiar a fondo cómo llevar a cabo el proceso de integración y encontrar las mejores cualidades técnicas en ambas empresas".

A pesar de su posición como mayor del mundo, la cuota de mercado de Kroton es del 12% del sector educativo brasileño. El reto

---

24 [https://economia.elpais.com › Economía].

durante los próximos años es consolidar un grupo tan dispar de empresas construido tan deprisa en una única institución que aproveche las economías de escala.

En 2016, ya se mencionaba la aceptación de la propuesta Estación Kroton rival, de modo que el grupo consolida la posición como la mayor empresa privada de educación superior en el mundo, ahora con 1,6 millones de estudiantes[25]. Para tener una idea de su magnitud, la tercera colocada en este segmento en Brasil (considerando sólo las empresas de capital abierto) es la Ser Educacional que tiene 150 mil alumnos. La segunda es la Estancia, con 600 mil.

El levantamiento de la CM Consultoría muestra que la fusión de las dos compañías forma una empresa de R$ 27.200 millones en valor de mercado. Kroton pasa ahora a actuar en Río de Janeiro y en algunas regiones del Nordeste donde antes no había operación.

Entre las marcas de Kroton están Anhanguera, Unic, Unopar y Pitágoras. El crecimiento de Kroton se intensificó a partir de 2010, con una serie de adquisiciones, como las del Grupo IUNI Educacional y de la Universidad Norte de Paraná (Unopar). En 2013, Kroton realizó lo que había sido el mayor movimiento de su historia: la fusión con Anhanguera, cuando se convirtió en líder brasileño en enseñanza presencial y enseñanza a distancia. Ahora, el negocio con la Estatua asume el lugar de mayor fusión de su historia. Además, tiene 726 polos de graduación de educación a distancia, más de 870 escuelas asociadas en todo Brasil y aún 400 polos de cursos libres y preparatorios[26].

• *Educación a distancia apoyada localmente ("locally supported distance education")*

Siguiendo con la clasificación de GATE, esta es una modalidad de aprendizaje mixto. Una combinación de clases y estudio utilizando los materiales y el currículo de la institución proveedora.

25 [https://oglobo.globo.com], julio 2016.

26 [https://oglobo.globo.com/economia/negocios/kroton-se-firma-como-maior-empresa-mundial-de-ensino-superior-19622666#ixzz4qQUImfxv]

Los estudiantes tienen acceso normalmente a un centro de apoyo local, el cual puede pertenecer y estar administrado por la institución proveedora, o bien ser el resultado de diversos acuerdos empresariales conjuntos.

Los estudiantes se inscriben con dedicación parcial o total en la institución proveedora, y pueden elegir completar el programa en el centro local u optar por concluir sus estudios en la institución extranjera. Los centros de apoyo local pueden ser privados o estar afiliados a instituciones privadas o públicas locales. En algunos casos se reducen a reuniones de trabajo o informativas en hoteles del país huésped[27].

Las universidades adaptan las estructuras de sus edificios a los nuevos modos de enseñar y aprender. Se subraya el papel fundamental de las nuevas tecnologías desde el reemplazo de los viejos pizarrones por pantallas LCD conectadas a las computadoras hasta paneles aislantes que dividen aulas, espacios flexibles, capaces de unirse entre sí, con aislaciones acústicas, con la flexibilidad suficiente para adaptarse a diversos usos.

Siguiendo con el análisis realizado por IELSAC/UNESCO, *Un nuevo escenario en la educación Superior en América Latina: La Educación virtual*, ejemplos de esta modalidad serían la Universidad Nacional de Educación a Distancia de España –UNED–, con centros como la Universidad Tecnológica de El Salvador, en la oferta de 20 diplomados de distintas áreas. La *Universidad Nacional de Educación a Distancia* (UNED) es una universidad pública española de ámbito nacional, dependiente del Ministerio de Educación de España. Es la primera universidad de España por número de alumnos matriculados.

La UNED tiene su sede central en la ciudad de Madrid, en los campus universitarios de Senda del Rey y de Ciudad Universitaria, si bien cuenta con una amplia red de centros asociados repartidos

---

[27] Ver García de Fanelli, A. (1999). *La educación transnacional - la educación trasnacional: la experiencia extranjera y lecciones para el diseño de una política de regulación en la Argentina.* Bs. As. Cedes - Centro de Estudios de Estado y Sociedad.

por toda la geografía española y parte del extranjero[28]. Se caracteriza por ofrecer una modalidad de estudio a distancia, con el uso de las nuevas tecnologías a través de sus cursos virtuales en Internet, la televisión educativa y los programas de radio, en combinación con tutorías presenciales en sus centros asociados. Cuenta con Centros en Europa y América, por ejemplo, en Lima, Caracas, México, Buenos Aires, Sao Paulo, El Salvador y otras ciudades europeas.

• *Programas gemelos ("twinning programs")*[29]

Esta modalidad se especifica por la existencia de servicios educativos en el extranjero, ya sea mediante programas "gemelos" entre instituciones huéspedes y proveedoras, sustentados en convenios de franquicias de cursos y titulaciones, o a través de la ejecución de un programa completo en una filial de una universidad extranjera.

Los programas que se imparten localmente siguen el mismo currículo y esquema horario que en la institución extranjera. Los estudiantes del país-huésped disponen de los mismos materiales de estudio, asisten a seminarios y son sometidos a iguales métodos de evaluación que aquellos que estudian en la institución extranjera. Generalmente, el cuerpo de profesores es de origen local, pero seleccionado por la institución del país proveedor según su criterio.

Conforme al estudio de IELSAC/UNESCO, un caso que ejemplifica esta modalidad es el Programa de Maestría en Economía y Administración de Empresas Agrícolas que la Universidad del Valle de Guatemala, como universidad-huésped, conjuntamente desarrolla con la Universidad de Texas A&M, como universidad-proveedora. Los estudiantes están sujetos al esquema curricular de la universidad norteamericana.

---

28 [https://es.wikipedia.org/wiki/Universidad_Nacional_de_Educaci%C3%B3n_a_Distancia#cite_note-5].

29 Ver: [www.upsaguate.org] Comunicación del Dr. Jesús García-Ruiz de la Universidad de Paris. Ver: [www.uv.cl], www.necso.8m.com/loyola1.htm] / [www.asocirgua.com, www.puc.cl].

• ***Programas articulados ("articulation programs")***

En esta particularidad, según la clasificación propuesta por GATE, los estudiantes no se inscriben en la institución proveedora sino que realizan un programa en una institución local, que es reconocido como crédito para continuar estudios en una institución extranjera. Los alumnos deben haber avanzado hasta un cierto nivel en su programa, antes de articular sus estudios con los que se imparten en el centro extranjero. Por ejemplo, los dos primeros años de estudios superiores otorgan en la institución local un título que es reconocido para alcanzar, tras dos años más, un diploma de grado en una institución extranjera.

El mayor porcentaje de programas articulados se encuentra entre programas europeos, centralmente la modalidad consiste en que la institución proveedora le otorga a la institución del país huésped, el permiso o la licencia para ofrecer el título dela institución proveedora, esto sujeto al cumplimiento de ciertas condiciones. El problema es que, en los hechos, la institución proveedora puede estar muy poco comprometida en cómo se enseña realmente el programa.

De todas las formas de abastecimiento de educación superior contenidos en la alternativa del libre comercio, la que más inquieta a los académicos y dirigentes universitarios, es la que incumbe al consentimiento de la presencia comercial directa, mediante inversión o instalación de instituciones de índole transnacional españoles y estadounidenses.

Entre las españolas se pueden citar la Universidad de Barcelona, la de Sevilla, la Complutense de Madrid, entre otras. Entre las norteamericanas: Columbia University, Florida University, Berkeley, Pittsburg. En Argentina, la Universidad de Bolonia comenzó en 1998 con un programa dividido en dos ciclos, el primero realizado en Buenos Aires y el segundo en Bolonia (Italia).

• ***Sedes locales de instituciones extranjeras ("branch campuses")***

Este modo ocurre cuando en el país huésped existe la apertura de una sede de la institución proveedora, en la cual se ofrecen programas completos. Esto lo puede hacer asociándose a una institución local o mediante el establecimiento de una institución de propiedad extranjera.

Según el estudio realizado por IELSAC/UNESCO en la región centroamericana, se pueden citar algunos ejemplos en Panamá. La Florida State University,que es la institución extranjera más antigua, autorizada en 1957, ofrece programas de maestría en Ciencias de la Computación, Informática, Estudios Ambientales y Ciencias Sociales; en 1982, fue autorizada la Nova Southeastern University, que ofrece programas de Licenciatura, Maestría y Doctorado en Tecnología Educativa, así como educación a distancia en idioma inglés[30].

En 1994, fue autorizada la Columbus University que brinda programas de Licenciatura, Maestría y Doctorado en varias áreas como: Educación, Medicina, Derecho, Agroindustria, Ingenierías, Arquitectura, Periodismo, Psicología, Ciencias Marinas, Ciencias Comerciales y Administrativas. Otras universidades extranjeras en Panamá son la Universidad Latinoamericana de Ciencia y Tecnología, y la Universidad Latina, autorizadas ambas en 1991. Estas últimas dos también operan en Costa Rica.

• *Acuerdos de franquicia ("franchising")*

Esta modalidad consiste en que la institución proveedora le otorga a la institución del país huésped, el permiso o la licencia para ofrecer el título de la institución proveedora, esto sujeto al cumplimiento de ciertas condiciones.

En este caso, se señala que puede ocurrir que en los hechos, la institución proveedora esté poco comprometida en cómo se enseña realmente el programa. Parecería que, de todos modos, en el suministro de educación superior incluidos en la opción del libre comercio, el que más preocupa a los académicos y directivos universitarios, es el que

---

[30] Estudio realizado por IELSAC /UNESCO. (2004). Un nuevo escenario en la Educación Superior en América Latina: La Educación virtual en *La educación superior virtual en América Latina y el Caribe.*

concierne a la autorización de presencia comercial directa, mediante inversión o instalación de instituciones de carácter transnacional.

La *Laureate International Universities*, filial de *Laureate Education Inc.*, es una red de instituciones académicas privadas de educación superior de distintos países. Reúne 76 instituciones de educación superior en 27 países del mundo, cerca de 600.000 estudiantes y más de 50000 colaboradores en Europa, Latinoamérica, Norteamérica, Asia, África, Medio Oriente y Oceanía, distribuidos en sus más de 100 campus, lo que la constituye como la mayor red mundial de universidades privadas.

En 2009, Laureate Education Inc. adquirió en Malasia el *INTI GROUP* e incorporó a Laureate International Universities nueve instituciones repartidas por todo el país. En América Latina tiene instituciones en Brasil, Chile, Costa Rica, Ecuador, Honduras, México, Panamá y Perú.

El modelo universitario Sylvan combina tres elementos: formación orientada al empleo, conocimiento de inglés y de informática. El diseño curricular es responsabilidad de cada institución, bajo supervisión.

Sylvan[31] adquirió acciones en la Universidad del Valle de México (UVM), las escuelas de hotelería suizas Les Reches e Ilion, la Universidad de Las Américas de Chile y la Escuela Superior de Comercio de Francia.

En Centroamérica, la Sylvan Internacional Universities, está presente como franquicia en la Universidad Interamericana de Costa Rica y de Manama. Ofrecen Licenciatura en Administración de Empresas, Administración hotelera, Ciencias de la Salud y Tecnologías de la Información. En Costa Rica, los programas están acreditados por el SINAES.

En México, el Instituto Mexicano de Educación a Distancia ofrece licenciaturas, masters y doctorados diseñados por la Pacific Western

---

31 Dr. Gustavo Siles, Vicerrector Académico de la Universidad Nacional Autónoma de Nicaragua en Managua. Rodríguez Gómez, Roberto. (2003). Universidades S. A. Campus Milenio.

University. La escuela de Dirección de Empresas de la Universidad de Navarra ofrece sus MBA en el área de Administración en convenio con Instituto Superior de Empresas de Sao Paulo (Brasil), Austral (Argentina), Universidad de los Andes (Chile), Universidad de Piura en Perú, Universidad Panamericana México[32].

Las franquicias españolas que se han internacionalizado a Latinoamérica han aumentado un 14% en los últimos tres años. México es el segundo país con mayor número de redes de franquicia de origen español, cuenta con 89 redes y 1.259 establecimientos, por detrás de Portugal. La relación entre las redes de franquicias españolas y latinoamericanas es cada vez más intensa y va a ser una de las tendencias económicas de los próximos años.

Según un Informe realizado por la Universidad Internacional de Valencia (VIU), sobre "Las redes de Franquicia: principales cuestiones jurídico-económicas. Especial referencia a la expansión en Latinoamérica" elaborado por Jaume Martí Miravalls, en mayo 2017, México es el segundo país latinoamericano con mayor expansión nacional e internacional de redes de franquicia.

El informe pone de manifiesto cómo la expansión de redes españolas a Latinoamérica, y viceversa, es no solo una realidad sino también una de las tendencias económicas de los próximos años.

El papel de las nuevas tecnologías, que permite una mayor facilidad a la hora de cumplir con las obligaciones propias del franquiciador, unido a la modernización del Derecho Latinoamericano en materias como la Propiedad Industrial y el Derecho de la Competencia, "abona un terreno cada vez más seguro para un fructífero crecimiento e inversiones mutuas", ha señalado Jaume Martí.

Según el experto de la VIU, en los últimos años han adquirido mucha importancia las redes de franquicia frente a otros sistemas de distribución integrada, principalmente en Latinoamérica, donde la

[32] Según el informe "Las redes de Franquicia: principales cuestiones jurídico-económicas. Especial referencia a la expansión en Latinoamérica" elaborado por la VIU Universidad Internacional de Valencia.

mayor parte del comercio minorista se integra en base a estas redes. En el mercado español y latinoamericano empiezan a vislumbrarse los factores económicos que, en su momento, justificaron la internacionalización de las redes de franquicia en los EEUU, lo cual nos indica que esta va a ser la tendencia en los próximos años.

Si atendemos al número de establecimientos, Brasil ocupa el cuarto puesto, México el quinto, y Argentina el séptimo. Por su parte, los países de América Latina con mayor expansión nacional e internacional de redes de franquicias son México, Brasil, Argentina, Venezuela, Chile, Perú y Colombia. En concreto, según datos del sector, Brasil es el país con mayor número de establecimientos franquiciados, seguido de México y Argentina. Se da la paradoja de que estos tres territorios son los únicos en Latinoamérica con regulación de las redes de franquicia.

Existen otros casos, no tan exactamente ajustables a las modalidades planteadas anteriormente. Por ejemplo, está la Facultad Latinoamericana de Ciencias Sociales (FLACSO), cuya Secretaría General se encuentra en Costa Rica. FLACSO es un organismo internacional constituido por 18 Estados Miembros que actualmente desarrolla actividades académicas en 13 países de América Latina y el Caribe. Tiene 7 sedes académicas y varios estados miembros: Brasil, Chile, Guatemala, Costa Rica y El Salvador, Argentina, México, Honduras, Cuba, Panamá, Paraguay.

La modalidad de la enseñanza es presencial, usualmente a tiempo completo, con programas a nivel de maestría y doctorado en el campo de la Ciencias Sociales. Profesores de países latinoamericanos, o de los países cooperantes participan para apoyar los programas ofertados en las subsedes académicas.

Procedimientos de regulación y acreditación internacional

La aparición en escena de proveedores extranjeros de servicios de educación superior, plantea interrogantes que tienen que ver con temas que necesariamente se relacionan con el rol del Estado y de las universidades tradicionales, tales como[33]:

1. Procedimientos para la aprobación y regulación de proveedores externos,
2. Aseguramiento de la calidad y acreditación de los servicios educativos importados,
3. Diferentes esquemas de financiamiento y
4. Sistemas de reconocimiento de títulos y transferencia de créditos. Los programas virtuales suponen un nuevo campo para la regulación y la acreditación internacional, así como para el reconocimiento de los títulos.

La comparabilidad y compatibilidad de los sistemas nacionales supone el establecimiento de procesos, criterios y métodos mutuamente aceptados de acreditación, la instauración de la confianza como principio y la cooperación como cultura, la homogeneización de los estándares de evaluación de la calidad para permitir comparaciones.

En este orden, según los especialistas, existen, al menos, cuatro ámbitos en los que se puede analizar la problemática planteada por la dimensión internacional. Los cuatro ámbitos corresponden a las siguientes preguntas:

¿Quién evalúa y acredita?,
¿Qué se evalúa y acredita?,
¿Cómo se evalúa y acredita?
¿Cuáles son los productos de la evaluación y acreditación?

El primer ámbito lo constituyen las organizaciones encargadas de estas funciones. El segundo incluye los objetos de la evaluación y

[33] Ver Estrada Muy, Marco R.; Luna, Julio Guillermo, 2004. *Internacionalización de la educación superior: nuevos proveedores externos en Centroamérica.* ES-CA. Guatemala. [https://es.scribd.com/document/98646510/Internacionalizacion-ES-CA].

acreditación. El tercero comprende los procesos y procedimientos de las evaluaciones y el cuarto se relaciona con la naturaleza e impactos de los productos de las evaluaciones y acreditaciones.

Sea cual fuere la modalidad adoptada, uno de los temas claves es el *proceso de acreditación* de las instituciones y de los títulos. Este tema resulta de relevancia en tanto, por medio de la misma, se certifica que la institución de educación superior o sus programas cumplen con los estándares de calidad mínimos determinados.

A modo de ejemplo, en cuanto al aseguramiento y acreditación de la calidad de la educación superior ofrecida por los nuevos proveedores externos en la región centroamericana, actualmente no existen mecanismos ni instrumentos especiales para tal fin por parte de los organismos responsables de dicho control. No hay mecanismos claros de cómo regular el ingreso a los países ni del control de la calidad de los programas ofrecidos por los proveedores externos tema de la acreditación.

Los objetos de evaluación en la educación superior

Los objetos de evaluación en la educación superior se podrían clasificar en:

- *Instituciones*
- *Programas de estudio*
- *Profesores*
- *Alumnos y egresados*

Desde el punto de vista de los procesos de acreditación de los programas y del reconocimiento de los títulos y diplomas se pueden plantear diferentes alternativas. El tema es *cuál es la institución que concede el título o diploma de los estudios*[34]. Otro ítem que los

[34] En este tema ver Jesús Sebastián. (2003). La Dimensión Internacional en los procesos de evaluación y acreditación de la educación superior. En *Educación Superior,*

gobiernos deben reglamentar con rigurosidad, es el reconocimiento oficial de las instituciones extranjeras, especialmente el consentimiento para establecerse en el territorio nacional y disponer libremente el término universidad o similar.

En el ámbito internacional existe la Red Internacional de Agencias de Acreditación (INQAAHE), que constituye un importante foro de intercambio y de trabajo en común. En los programas impartidos en un determinado país por instituciones extranjeras que son las que conceden el título, aunque se asocien con instituciones nacionales, el país receptor puede actuar a dos niveles.

1. *Acreditación de los programas*: el país receptor puede reconocer a la agencia que ha acreditado el programa en su país de origen o a través de una agencia internacional independiente. Así, el programa es automáticamente acreditado en el país receptor y el reconocimiento del título es también automático.
2. *Reconocimiento de los títulos:* en el que los programas no están acreditados en el país receptor o no se reconoce esta acreditación, el reconocimiento del título puede seguir el mismo procedimiento que los títulos obtenidos en el extranjero[35].

En el contexto de la educación trasnacional en América latina, Estados Unidos es uno de los casos de mayor interés por ser el que mayor presencia puede tener en el mercado de la educación superior latinoamericano. Según García Fanelli (1999), la clave para comprender tanto el tratamiento interno que recibe en Estados Unidos la existencia de estas nuevas modalidades de educación superior, como desde la potencial condición de país huésped en el caso de Argentina, qué tratamiento dar a la importación de programas de IES norteamericanas, está en su sistema de acreditación[36].

---

calidad y acreditación. Tomo II. Consejo Nacional de Acreditación de Colombia, Bogotá.

35 Ídem.

36 García de Fanelli, A. (1999), op. cit.

La acreditación de una IES por parte de una agencia implica que ésta tiene objetivos pertinentes, dispone de los recursos necesarios para alcanzar dichos objetivos, puede demostrar que está alcanzando estos objetivos y da evidencia que permita inferir que podrá continuar con el logro de los mismos en el futuro.

Al presente, por ejemplo, en Estados Unidos existen seis asociaciones regionales de acreditación. El control de la tarea realizada por estas seis agencias regionales y por los cuerpos especializados lo realizaba hasta 1993 el Council of Post Secondary Accreditation (COPA), que otorgaba reconocimiento a aquellas agencias que cumplían con los criterios y prácticas aceptados. En ese año, fue reemplazado por la Commission on Recognition of Post Secondary Accreditation que, en 1996, cambió su denominación por la de Council for Higher Education Accreditation.

Los países de Mercosur están en la actualidad experimentando un proceso de colaboración entre sus organismos de evaluación y acreditación dentro del Programa Mercosur Educativo.

Algunas conclusiones

La internacionalización de la educación superior es una de las tendencias contemporáneas más importantes. Y esta tendencia implica el tránsito de una educación nacional a una educación internacional, tránsito en el cual la educación va perdiendo características de bien o servicio nacional, para devenir en un servicio con componentes internacionales. Esta situación revela la tensión de la educación superior como bien público y como producto comercial.

La modalidad de prestación transfronteriza de *enseñanza superior puede representar una contribución si ofrece una enseñanza de calidad, promueve valores académicos* y expande las posibilidades de acceso a la educación superior.

En este proceso de internacionalización de la Educación Superior,

García de Fanelli (1999), entre otros temas, advierte sobre la necesidad de plantear el debate sobre:

- Si las instituciones de educación superior (IES) extranjeras pueden utilizar públicamente el término universidad o equivalente en el plano local, sin mediar para ello autorización expresa del gobierno respectivo; el *reconocimiento oficial de las instituciones extranjeras* –autorización para instalarse en el territorio nacional y utilizar libremente el término universidad o equivalente– y el otorgamiento de títulos de grado y posgrado, sean académicos o profesionales.
- Si los títulos otorgados a través de las diversas modalidades de educación trasnacional son válidos académicamente y habilitan profesionalmente en el mercado de trabajo local, o sea, procedimientos existentes para conceder *validez a títulos de instituciones extranjeras*, tanto por parte del Estado como por medio de las propias instituciones de educación superior que gozan del poder de otorgar títulos con validez nacional o a través de tratados o acuerdo internacionales.
- Si se han diseñado procedimientos de certificación de calidad o protección al consumidor, poniendo especial cuidado en la *protección a los consumidores frente a la publicidad fraudulenta* y la información distorsionada[37].

La educación superior transnacional adopta diversas modalidades en Latinoamérica. Dentro de los temas de debate son centrales, sin duda, aquellos que se refieren a la acreditación en la habilitación de los proveedores transnacionales, el reconocimiento mutuo de títulos y la convalidación.

---

[37] Ver el estudio realizado por García de Fanelli, A. (1999). *La educación transnacional - la educación trasnacional: la experiencia extranjera y lecciones para el diseño de una política de regulación en la Argentina*. Bs. As. CEDES - Centro de Estudios de Estado y Sociedad.

Asimismo, deberán ponderarse los temas de calidad de la enseñanza impartida, la posibilidad de acceso a la misma de estudiantes provenientes de distintos sectores sociales, y revisar si los programas académicos ofrecidos responden más a intereses transnacionales/globales que a nacionales. En tanto, si se constata esto, posibilitaría la devaluación de la educación superior como bien público y como derecho ciudadano.

El proceso de internalización y transnacionalización apunta a no dar lugar a los Estados en la promoción de los servicios de la ES, para permitir que el capital transnacional pase a controlar este sector fundamental de nuestras sociedades y economías, y acabar con el papel del Estado en la prestación de servicios públicos y, por ende, de garantizar la realización de derechos fundamentales.

No sólo los tratados de libre comercio cuestionan el margen de maniobra en materia de política pública de ES de los Estados, sino también los Tratados Bilaterales de Inversiones, en los que se abusa de la definición de inversión y expropiación para incluir cualquier tipo de actividad o proyecto de los inversionistas extranjeros.

El carácter "público" del bien educación es irrenunciable. Aún si pueden coexistir otros actores que provean educación, es el Estado el único capaz de garantizar la equidad a través de una propuesta democrática e inclusiva que logre brindar la posibilidad de asirse de los saberes y competencias necesarias para participar con plenitud en el mundo actual.

Ante la innegable realidad de una educación superior cada vez más transnacionalizada deberán ponderarse los temas de calidad de la enseñanza impartida, la posibilidad de acceso a la misma de estudiantes provenientes de distintos sectores sociales, y revisar si los programas académicos ofrecidos responden más a intereses transnacionales/globales que a nacionales. En tanto, si se constata esto posibilitaría la devaluación de la educación superior como bien público y como derecho ciudadano.

Y, las nuevas tendencias registradas nos indican que las grandes empresas transnacionales de educación superior han iniciado ese camino.

Bibliografía

A.A.V.V. (2007). *Informe sobre la Educación Superior en América Latina y el Caribe 2000-2005. La metamorfosis de la educación superior*, Caracas: Instituto Internacional de la UNESCO para la Educación Superior en América Latina y el Caribe (IESALC).

ABRAMOVICH, Víctor. (2005). "Linhas de trabalho em direitos econômicos, sociais e culturais: Instrumentos e aliados", en *SUR - Revista Internacional de Direitos Humanos*, Año 2, N° 2, San Pablo: Prol Editora. Disponible en [www.conectasur.org]

BOSCO BERNAL, J. (2001). *La educación superior en Panamá: situación, problemas y desafíos.* Consejo de Rectores de Panamá. [www.fsu.edu] / [www.columbus.edu]

BOTTO, M.; PEIXOTO, J. (2007). La incidencia de la academia en las negociaciones de los servicios de salud y educación. En Mercedes Botto (Ed.). *Saber y política en América Latina. El uso del conocimiento en las negociaciones comerciales internacionales.* Buenos Aires: Prometeo.

CONFERENCIA MUNDIAL DE EDUCACIÓN SUPERIOR. (2009). Comunicado. UNESCO, París. [http://www.me.gov.ar/spu/documentos/Declaracion_conferencia_Mundial_de_Educacion_Superior_2009.pdf]

CORREAS ARIAS, César; Aurora CUEVAS PEÑA. (2010), Políticas públicas y valoración del trabajo académico en educación superior en México. El reconocimiento social en la era de la calidad educativa en Iriarte A. y Correa Arias C. (eds.). *El sistema universitario en Latinoamérica. Adecuaciones a nuevos escenarios de crisis y globalización.* Tendencias y transformaciones. Buenos Aires: Biblos.

CRAVINO, A.; ROLDÁN, J. (2012), "El proceso de privatización de la enseñanza universitaria". [www.17jornadas-he.com.ar]. XVII *Jornadas Argentinas de Historia de la Educación.* Tucumán.

DIDOU, Sylvie. (2004). ¿Fuga de cerebros o diásporas? Inmigración y emigración de personal altamente calificado en México. *Revista Avance y perspectiva.* Vol. 33, N° 4. Méjico: ANUIES.

DIDOU Sylvie. (2007). Evaluación de la productividad científica y reestructuración de los sistemas universitarios de investigación en América Latina. *Revista Educación superior y sociedad.* Vol. 12, N° 1. Méjico: IISUE - UNAM

ESTRADA MUY, R.; Julio Guillermo LUNA. (2004). Internacionalización de la Educación Superior: Nuevos Proveedores Externos en Centroamérica. Informe de Avance. Marco Digital Observatory for Higher Education in Latin America and the Caribbean -IESALC. IES/2004/ED/PI/67. Reports available at [www.iesalc.unesco.org.ve], Guatemala.

FERNÁNDEZ LAMARRA, Norberto. (2006). *La evaluación y la acreditación de la calidad: Situación, tendencias y perspectivas. En Informe sobre la educación superior en América Latina y el Caribe 2000-2005. La metamorfosis de la educación superior.* Venezuela: UNESCO-IESALC.

FITOUSSI, J. P. y ROSSANVALLON, P. (1997). La nueva era de las desigualdades, Buenos Aires: Manantiales.

FLORES, Patricia B. (2009). "Análisis de la dinámica de movilidad internacional de graduados universitarios argentinos". Maestría en Gestión de la Ciencia, la Tecnología y la Innovación. Universidad Nacional General Sarmiento. Bs. As. [http://www.revistacts.net/files/Portafolio/FLORES_TESIS%20MGCTI%20_final_.pdf]

GACEL-ÁVILA, Jocelyne. (2003), *Transnacionalización e Internacionalización de la Educación Superior. Tendencias, Amenazas y Limitaciones.* Congreso Retos y expectativas. México: Universidad de Guadalajara. México.

—. (2003). "La internacionalización de la educación superior. Paradigma para la ciudadanía global". México: Universidad de Guadalajara.

GARCÍA DE FANELLI, A. (1999). *La educación transnacional - la educación trasnacional: la experiencia extranjera y lecciones para el diseño de una política de regulación en la Argentina.* Bs. As. CEDES - Centro de Estudios de Estado y Sociedad.

GARCÍA-GUADILLA, C. (1999), "Legislaciones y Educación Superior en América Latina: una mirada comparada a las instancias de coordinación". En: J. M. Cadenas (Comp.), (1999) Reflexiones sobre la Educación Superior en América Latina. Caracas: Fundayacucho.

GASCA-PLIEGO, E. y OLIVERA-GARCÍA, J. (2011), *Construir Ciudadanía desde las universidades, responsabilidad social universitaria y desafíos del siglo XXI.* Bogotá: Corporación Universitaria Minuto de Dios.

KNIGHT, J. & DE WITT, H. (eds.). (1999), Quality and Internationalization in Higher Education. Organization for Economic Cooperation and Development. In Knight, Jane. (2002). *Trade in Higher Education Services: The Implications of GATS.* The Observatory on Borderless Higher Education. [http://www.unesco.org/education/studyingabroad/highlights/global_forum/gats_he/jk_trade_he_gats_implications.pdf]

INFORME SOBRE LA EDUCACIÓN SUPERIOR EN AMÉRICA LATINA Y EL CARIBE 2000-2005. (2006). *La metamorfosis de la educación superior.* Caracas: UNESCO IESALC.

IRIARTE Alicia (comp.) (2015). *Cuestiones del sistema universitario en Latinoamérica. Transformaciones, desafíos, transnacionalización.* Buenos Aires: Diseño Editorial.

IRIARTE, A.; FERRAZZINO, A. (2012). *La universidad, su relación con el Estado y el mercado a fines del siglo XX, en un contexto histórico de vulnerabilidad y exclusión social,* XVII Jornadas Argentinas de Historia de la Educación. Tucumán.

LANDINELLI, Jorge. (2009). Las finalidades públicas de la universidad en el contexto de la globalización. En Pablo Gentili. *Políticas de privatización, espacio público y educación en América Latina.* Buenos Aires: CLACSO.

LEVINE, A. (2000). *Blakboard Conference for Higher Education.* Web Undermine Universities, 21/03. [www.thestandard.com]

LÓPEZ MEYER, C.; ROITBERG, H. (2004). *La universidad pública frente a la lógica del mercado.* En Iriarte A. (Comp.). "La universidad pública argentina ¿crisis o encrucijada?". Buenos Aires: Proyecto Editorial.

—. (2004). *Problemática de la Universidad Pública. Calidad y evaluación, financiamiento y mercado.* En Iriarte, A. (Comp.). "La universidad pública argentina ¿crisis o encrucijada? Buenos Aires: Proyecto Editorial.

LÓPEZ SEGRERA, Francisco. (2011), *Tendencias de la educación superior en América Latina y el Caribe: Un estudio comparado.* Universidad de Guadalajara.

LORCA, Javier. (2005). *Los riesgos que implican la privatización y la mercantilización de la universidad.* [http://www.pagina12.com.ar/diario/universidad/10-53117-2005-07-02.html]

MADRAZO, Jorge & BELLER, Walter (1995). "Consideraciones sobre el derecho a la educación y la educación superior en México, desde la perspectiva de los derechos humanos", en la *Revista Gaceta*, N° 61, agosto. Comisión Nacional de Derechos Humanos, Ciudad de México.

MIGNOLO, Walter (ed.). (2001). *Capitalismo y geopolítica del conocimiento. El eurocentrismo y la filosofía de la liberación en el debate internacional contemporáneo.* Buenos Aires: Ediciones del Signo.

OSPINA PERALTA, Pablo. (2016). *Política universitaria: espejo político del correísmo.* Nueva Sociedad. Ed. Digital. Octubre.

OVIEDO MENDIOLA, María Cecilia (2014). Entrevista a C. Rama. 2° Congreso Universidad y Cooperación y 6a Reunión de Redes y Consejos de Rectores de América Latina y el Caribe, UNESCO-IESALC/Fundación Universitaria del Área Andina, Bogotá, Colombia, 15 al 17 de octubre.

PEACE LENN, M. (1997). *The Global Alliance for Transnational Education*: Transnational.

RAMA, Claudio. (2005). La política de educación superior en América Latina y el Caribe. *Revista de la Educación Superior*, XXXIV (2) (134) (47-62). Asociación Nacional de Universidades e Instituciones de Educación Superior. Distrito Federal, México. [http://www.redalyc.org/articulo.oa?id=60411920005]

—. (2004), *Un nuevo escenario en la educación Superior en América Latina: La Educación virtual en La educación superior virtual en América Latina y el Caribe*, IELSAC /UNESCO.

—. (2012). *La internacionalización de la educación a distancia en América Latina Cuestiones de Sociología.* La Plata: UNLP, FaHce. N°. 8, p. 63-7.

TORRES LUPION, P.; RAMA, C. (2007). *La Educación Superior a Distancia en América Latina y el Caribe: Realidades y Tendencias.* Santa María, Brasil: Editora UNISUL.

TOURIÑÁN LÓPEZ, José Manuel. (2008). *Educación en Valores, Educación Intercultural y Formación para la Convivencia.* España: Netbiblo.

DIGITAL OBSERVATORY FOR HIGHER EDUCATION IN LATIN AMERICA AND THE CARIBBEAN-IESALC. Reports available at www.iesalc.unesco.org.ve

CARTA DE PORTO ALEGRE, aprobada por la III Cumbre Iberoamericana Rectores de Universidades Públicas. Brasil, Porto Alegre, 25/27 abril 2002.

XXVI REUNIÓN DE MINISTROS DE EDUCACIÓN DE LOS PAÍSES DEL MERCOSUR, Bolivia y Chile, 2004, Buenos Aires, Argentina.

DIRECTRICES PARA LA PROVISIÓN DE CALIDAD EN LA EDUCACIÓN SUPERIOR TRANSFRONTERIZA EN OECD-UNESCO (2005). Guidelines for Quality Provision in Cross-border Higher Education.

[http://www.diariodefusiones.com/?Kroton_Educacional_de_Brasil_compra_la_universidad_Unopar__en_US__698%2C7_millones&page=ampliada&id=427&_s=&_page=tags 3]

[http://www.iri.edu.ar/images/Documentos/primercongreso/politica/vilosio.pdf]

Internalización de la educación superior. Movilidad de los estudiantes y su vinculación con el desarrollo científico-tecnológico

Ana Cravino

Educación transnacional y educación internacional

En el contexto actual de los procesos de globalización que afectan, indefectiblemente la Educación Superior (Rama, 2005), como hacen innumerables autores (Gascón Muro-Cepeda Dovala, 2004) (Iriarte-Ferrazzino, 2015) (De Wit-Jaramillo-Gacel Ávila-Knight, 2005) (Fernández Lamarra, 2012),vale diferenciar entre los fenómenos de transnacionalización e internacionalización del sistema universitario, ya que el segundo de estos términos puede dar cuenta de *"promesas y realizaciones no comerciales de la educación"*, mientras que el primero permitiría la *"conformación de grandes empresas trasnacionales que controlarán el mercado mundial de educación"*[38].

En este sendero, Fernández Lamarra y Mario Albornoz (2014, 17) destacan que estos fenómenos no son nuevos, ni en América Latina, ni en Argentina en particular. No obstante, la intensidad con

[38] Ver GASCÓN MURO, Patricia; CEPEDA DOVALA, José Luis (2004) "De la mercantilización a la transnacionalización de la educación superior", en *Reencuentro* N°40, *Encrucijadas de la educación superior ante el nuevo siglo*, México, Universidad Autónoma Metropolitana-Xochimilco, Agosto del 2004, págs. 31-40.

que han crecido estos tipos de ofertas educativas en las últimas dos décadas motiva un análisis minucioso. Para estos autores, entonces, el desarrollo de este proceso se pone en evidencia observando el importante incremento de las actividades que investigadores y docentes de universidades de la región desarrollan en universidades extranjeras, así como la instalación en la región de sedes de universidades foráneas, la multiplicación de programas de educación a distancia (con programas, materiales y títulos extranjeros, con o sin apoyo local), el crecimiento de universidades virtuales, el aumento de los programas de intercambio de profesores y estudiantes, tanto de grado como de posgrado, y la aparición de carreras que se ofrecen con doble titulación nacional e internacional[39].

Sin embargo, cabe señalar que para Altbachy Knight (2006) la internacionalización no tiene el sesgo negativo que conlleva la educación transnacional ya que *"Los programas internacionales ponen al alcance de los estudiantes oportunidades para estudiar en el extranjero y entrar en contacto con otras culturas. Las iniciativas internacionales también permiten el acceso a la educación superior en países donde las instituciones locales no se dan abasto con la demanda"*[40]. Es interesante tener en cuenta esto último porque Argentina se ha transformado en un destino atractivo para estudiantes de la región.

En este contexto, la Secretaría de Políticas Universitarias, dependiente del Ministerio de Educación de la Nación, presenta el "Programa de Internacionalización de la Educación Superior y Cooperación Internacional (PIESCI)", considerando que este organismo debe promover la internacionalización de las instituciones

[39] Ver FERNÁNDEZ LAMARRA, Norberto - ALBORNOZ, Mario (2014) "La Internacionalización de la Educación Superior y la Ciencia en Argentina", en DIDOU AUPETIT, Sylvie (coord.) (2014) *Internacionalización de la Educación Superior y la Ciencia en América Latina y el Caribe: Un Estado del Arte*, UNESCO-IESALC, Caracas, Venezuela.

[40] Ver ALTBACH, Philip-KNIGHT, Jane (2006) "Visión panorámica de la internacionalización en la educación superior: motivaciones y realidades", en *Perfiles educativos* N° 112, Vol. 28, México, enero de 2006.

universitarias argentinas para su fortalecimiento integral. De modo tal que la "internacionalización" no es vista institucionalmente como un peligro al que se asomaría la Educación Superior sino una meta necesaria para consolidar su fortalecimiento y su integración. En este sentido el programa mencionado define sus acciones:

- Cooperación internacional.
- Promoción de la universidad argentina en el mundo.
- Articulación de las demandas y necesidades del sistema universitario argentino en materia de internacionalización de la educación superior[41].

Asimismo, Jane Knight (2010) reconoce la polisemia del concepto y enuncia las diferentes interpretaciones que conlleva el término "internacionalización". Por un lado, "... *para algunos significa una serie de actividades tales como la movilidad académica de estudiantes y profesores, redes internacionales, asociaciones y proyectos, nuevos programas académicos e iniciativas de investigación*". También es entendida como "*la transmisión de la educación a otros países a través de las nuevas disposiciones, como sucursales o franquicias universitarias, usando una variedad de técnicas presenciales y a la distancia*". Mientras que para muchos comprende "*la inclusión de una dimensión internacional, intercultural y/o global dentro del currículo y el proceso de enseñanza-aprendizaje.*" Y, por último, encarna dentro de una mirada que no desdeña las nuevas tecnologías de la comunicación e información, la creación de centros regionales de educación, sitios web educativos y redes de conocimiento[42]. Estas diferentes concepciones hacen de la internacionalización un fenómeno complejo que exige mayores precisiones.

---

41 [http://educacion.gob.ar/secretaria-de-politicas-universitarias/seccion/127/internacionalizacion-universitaria]

42 KNIGHT, Jane (2010) "Internacionalización de la Educación Superior: Nuevos desarrollos y Consecuencias No Intencionadas", en *Boletín IESALC* Nº 211, octubre de 2010.

Por otra parte, no es posible negar, que la atracción de estudiantes extranjeros, forma parte, asimismo, del proceso de mercantilización de la Educación Superior, pues aquel hecho permite ampliar recursos económicos así como extender internacionalmente el prestigio de una institución. No es lejana a esta intención la acción propuesta por la Secretaría de Políticas Universitarias de "Promoción de la universidad argentina en el mundo".

Recordemos en este sentido que el 18 de diciembre de 2000, ante el Consejo de Comercio de Servicios de la Organización Mundial de Comercio (OMC), la delegación de Estados Unidos presentó una propuesta referida a los servicios de enseñanza superior tendiente a *"liberalizar el comercio de este importante sector de la economía mundial"*. Es obvia la intención de este proyecto: *"facilitar la transnacionalización de los servicios de enseñanza superior para generar condiciones que beneficien a los proveedores de los mismos"*[43] (Gascón Muro-Cepeda Dovala, 2004, 33)

Como respuesta a este hecho se sucedieron durante el 2002 una serie de reuniones de autoridades universitarias latinoamericanas que repudiaron con igual intensidad y a diferente escala esta propuesta[44].

---

43 Estados Unidos es el principal exportador de servicios de enseñanza, seguido de Francia, Alemania y el Reino Unido. Los principales mercados de exportación se encuentran en Asia: Japón, China, Corea, Taiwán, India, Malasia e Indonesia. (Luchilo, 2006).

44 En abril 2002, los asistentes a la III Cumbre Iberoamericana de Rectores de Universidades Públicas, firmaron la "Carta de Porto Alegre", dando cuenta explícitamente a la comunidad académica universitaria y a la sociedad en general de los efectos infortunados que desencadenaría en la región la firma del Acuerdo General sobre el Comercios de Servicios (AGCS o GATS), solicitando a los gobiernos de sus respectivos países que no suscriban ningún compromiso en materia de Educación Superior.

En agosto de ese año los rectores de la Asociación de Universidades del Grupo Montevideo, que congrega a 16 instituciones de Educación Superior pública de Brasil, Uruguay, Paraguay, Chile y Argentina, reunidos en la Universidad Nacional del Litoral, debatieron ampliamente sobre el tema y acordaron fijar estrategias comunes para alertar a la comunidad sobre las nefastas consecuencias de

En el 2008 la Conferencia Regional de Educación Superior, realizada en junio de ese año en Colombia, se presentó el Documento Base CRES2008 *Tendencias de la Educación Superior en América Latina y el Caribe*[45] fijando en el Capítulo 6 la agenda referida a debatir en torno a la Integración Regional e Internacionalización de la Educación Superior desde la perspectiva de América Latina, donde se manifestó la importancia de establecer acciones tendientes a fomentar la cooperación internacional. En este sentido, se consideraron como interlocutores estratégicos a las redes académicas a escala nacional y regional, señalando entonces que las mismas serían "*los protagonistas indicados para articular de manera significativa identidades locales y regionales, y colaborando activamente en la superación de las fuertes asimetrías que prevalecen en la región y en el mundo frente al fenómeno global de la internacionalización de la Educación Superior*"[46].

No obstante, la oposición que se dio en diferentes escalas y gran intensidad durante el año 2002, fue precedida por diferentes normativas sancionadas a fines de la década del 90 que prepararon el advenimiento de la Educación Superior transnacional. En ese sentido, debemos señalar que la Ley de Educación Superior N ° 24251, promulgada en 1995 ya establecía tanto el reconocimiento de títulos extranjeros (Artículo 29 inciso k) siendo competencia de las propias Universidades -y no del Ministerio de Educación- la determinación

considerar a la Educación Superior como mercancía y ratificaron la solicitud a los gobiernos nacionales para que no acuerden compromisos vinculantes en el marco de la Organización Mundial de Comercio.

Y en octubre en nuestro país, el Consejo Interuniversitario Nacional manifestó a la Cancillería argentina su explícita oposición a dichos acuerdos. El entonces rector de la Universidad Nacional de Rosario y presidente del Consejo Interuniversitario Nacional, Ricardo Suárez, alertó afirmando que "El mercado no tiene valores, sino apetitos y que estos se calman con ganancias. Eso no es educación" LORCA, Javier (2002), "La educación como mercancía", en Página 12, octubre de 2002. [https://www.pagina12.com.ar/diario/universidad/10-11170-2002-10-08.html]

45 GAZZOLA, Ana Lucía - DIDRIKSSON, Axel (eds.) (2008) *Tendencias de la Educación Superior en América Latina y el Caribe*, IESALC-UNESCO, Caracas.

46 [http://www.oei.es/historico/salactsi/cres.htm]

de los mecanismos y exigencias necesarias para resolver las solicitudes de reválida que se le presenten. Asimismo, resuelve que por un acuerdo entre Estados, es posible homologar títulos universitarios extranjeros de acuerdo a convenios internacionales de reconocimiento.

Con respecto a la Educación a distancia, la Resolución N°1716/98 y el Decreto 81/98 establecen la regulación de la oferta educativa.

Asimismo, el Ministerio de Educación, a través del decreto 276/99, instituye las normas a las que se deberán ajustar las instituciones universitarias extranjeras que pretendan instalar subsedes en el país, señalando explícitamente que dichas instituciones deberán someterse a las mismas regulaciones previstas en la Ley de Educación Superior para Universidades privadas nacionales, sin establecer normativas especiales para dichas instituciones extranjeras. Poco tiempo después, en la Resolución N° 236/01 del Ministerio de Educación se resuelve dar reconocimiento oficial, de manera provisoria, a las titulaciones de posgrado correspondientes a carreras cuyos planes de estudios se desarrollen bajo la modalidad educativa "no presencial" o "a distancia" y que hayan sido solicitados con anterioridad a que se efectivicen los procesos de acreditación, con previo dictamen favorable de la Dirección Nacional de Gestión Universitaria. Empero, advertía Marquis (2002, 14) que cuando una universidad extranjera fuera de las fronteras del país "concreta su oferta mediante esa modalidad, vía internet, aula virtual, teleconferencia, correo electrónico, cassette, videos, etc., la ley argentina no puede alcanzarla, lo que impide no sólo prohibirla sino también regularla o condicionar su funcionamiento".

Esta situación configura lo que Rama (2005) (2006) definió como "Tercera Reforma de la Educación Superior" caracterizada por la internacionalización y el establecimiento de un modelo trinario (público-privado-internacional). En estas circunstancias aparece una "Lógica nacional defensiva" y "Asociaciones rectorales", cuyas manifestaciones dimos cuenta como la difusión de la "Carta de Porto Alegre" o en reuniones de la Asociación de Universidades del Grupo Montevideo. Esto, según Rama, determina, por un lado, el incremento de cobertura universitaria por la ampliación de la oferta educativa, por el otro, la necesidad de establecer normas de regulación tanto a

Cuadro Nº 1. Formas de Suministro de la Educación Superior Transnacional según el Acuerdo General sobre el Comercio de Servicios (AGCS/GATS)

Forma de suministro	Explicación	ES: Ejemplos	Tamaño Potencial de Mercado
1. Suministro más allá de las fronteras	La prestación de un servicio donde éste traspasa las fronteras (no requiere de desplazamiento físico del consumidor)	Educación a distancia; Aprendizaje electrónico; Universidades virtuales	Actualmente un mercado relativamente pequeño; Aparentemente con gran potencial a través de los TICs y sobre todo por Internet.
2. Consumo en el extranjero	Prestación del servicio que requiere el desplazamiento del consumidor al país del proveedor	Estudiantes que van a otro país a estudiar	Hoy representa el porcentaje más grande del mercado global en servicios educativos
3. Presencia comercial	El proveedor establece o tiene instalaciones comerciales en otro país para prestar el servicio	Sede local o campo satélite; Instituciones gemelas; Acuerdos de franquicia con instituciones locales	Interés creciente y fuerte potencial para el crecimiento futuro. Muy polémico puesto que parece imponer reglas internacionales a la inversión extranjera
4. Presencia de personas naturales	Personas que viajan temporalmente a otro país a prestar el servicio	Profesores, maestros, investigadores trabajando en el extranjero	Potencialmente un mercado fuerte dado el énfasis en la movilidad de los profesionales

Fuente: García Guadilla y otros (2004)[47]

nivel nacional como internacional, y, asimismo, requiere iniciar una discusión global acerca del significado de la educación como un bien público internacional. En el siguiente cuadro se puede observar las distintas formas de ES Transnacional.

---

[47] Ver GARCIA GUADILLA, Carmen (edit.) (2004). *El difícil equilibrio: La Educación Superior entre bien público y comercio de servicios. Implicaciones del AGCS (GATS)*, Universidad de Castilla-La Mancha.

Modalidades de la Educación Transnacional en Argentina

A partir de los acuerdos de la OMC la transnacionalización de la educación es entendida entonces como la prestación -servicio- comercial por instituciones -empresas- que operan a nivel internacional. Según Sylvie Didou Aupetit (2002) encontramos que estas prestaciones asumen variadas formas. Es por ello que estas diferentes formas impiden cuantificar y diferenciar claramente entre estudiantes internacionales y extranjeros.

a) Sedes locales de universidades extranjeras: algunos casos en Argentina

En este caso se trata de la apertura en el país "anfitrión" de una sede de la institución de educación superior extranjera en donde se dicta de manera completa un programa formativo.

Inicialmente, como no existía en nuestro país norma jurídica que lo regulara, las universidades extranjeras se constituyeron como asociaciones civiles sin fines de lucro en el país y se presentaron solicitando la autorización bajo el régimen de universidad privada. Con este marco legal, la Universidad de Bologna inició sus actividades en octubre de 1998. Poco tiempo después el Ministerio de Educación de la Nación sanciona el decreto 276/99 que autoriza a las universidades extranjeras a abrir sedes local y un año más tarde por el Decreto PEN Nº 726 se aprueba el funcionamiento de la sede de la Universidad de Bologna en Buenos Aires.

El Master en Relaciones Internacionales Unión Europea-América Latina[48] que dicta la Universidad de Bologna tiene una estructura organizada en cursos bimestrales y privilegia una formación interdisciplinaria. El programa está dividido en un primer ciclo de cuatro bimestres en Buenos Aires y un segundo ciclo de dos bimestres en Italia. Otros dos bimestres están dedicados a la realización de

---

[48] [http://www.ba.unibo.it/oferta-formativa-de-la-universidad-de-bolonia-en-argentina/master-relaciones-internacionales-europa-america-latina/index.html]

estadías en empresas y organizaciones internacionales (en Europa o América Latina)[49] y a la realización del trabajo final de tesis.

También presenta seminarios que se dictan en convenio con universidades privadas locales (Universidad Católica Argentina e Instituto Tecnológico de Buenos Aires). El Master combina en su currícula docentes argentinos, españoles e italianos. Además cuenta con figuras académicas y políticas brasileñas y estadounidenses[50]. Es por ello que cuenta con cuatro lenguas oficiales: italiano, español, portugués e inglés. Marquis (2002) destaca que sólo poco más del 50% de los estudiantes son argentinos, el resto, en partes iguales, se divide entre latinoamericanos e italianos.

Como se observa en el cuadro que se presenta a continuación el número de estudiantes en esta Universidad extranjera nunca superó los doscientos cincuenta, con marcados altibajos.

Cuadro N° 2. Estudiantes en la sede Buenos Aires de la Universidad de Bologna

2002	2006	2007	2008	2009	2010	2011	2012	2013
53[51]	58[52]	30	29[53]	231	130	136	32	190

Fuente: Elaboración propia en base a Marquis (2002), Anuarios de Estadísticas Universitarias SPU

En la actualidad, el Programa ofrecía 35 puestos para el primer semestre y 60 para el segundo con acuerdos con la UCA y el ITBA[54].

Otras universidades no tuvieron la misma suerte, como fue el caso de la Universidad Internacional Lynn de Florida-Estados Unidos que

49 [http://corsi.unibo.it/CLaBE/Pages/semester-buenos-aires-campus.aspx]

50 [http://www.ba.unibo.it/oferta-formativa-de-la-universidad-de-bolonia-en-argentina/master-relaciones-internacionales-europa-america-latina/plan-de-estudios]

51 Marquis, 2002, 10.

52 Figura dentro de las universidades privadas.

53 Figura en la categoría de Universidad extranjera.

54 [http://corsi.unibo.it/CLaBE/Pages/semester-buenos-aires-campus.aspx]

intentó crear una sede local en Nordelta, ya que su propuesta fue rechazada por el Ministerio de Educación[55]. La Resolución específica de la CONEAU (Resolución 336/99) que no concede la autorización a esa institución presenta argumentos exhaustivos:

> *"Que por otra parte, la Universidad Internacional Lynn se propone como espacio educativo, para desarrollar diversos campos de conocimiento que, de acuerdo con la presentación, por su reciente aparición, 'todavía no han sido encarados por las instituciones preexistentes en la Argentina'. El signo distintivo que quiere presentar la universidad es el 'enfoque internacionalista' con el que prevé encarar la formación de sus graduados, argumentando que nos encontramos en un mundo globalizado y que la formación profesional debe entonces atravesar las fronteras para insertarse competitivamente en ese nuevo mundo, comprendiendo y apreciando el rol de la Argentina en la escena política y el mercado internacional. No obstante, las carreras incluidas en el proyecto, orientadas a la Administración de Empresas, el Turismo y Hotelería Internacional y las Relaciones Internacionales, constituyen un campo disciplinar en el que la oferta existente es abundante..."*[56]

A pesar de esta impugnación existen otros programas de diferentes universidades de Estados Unidos en Buenos Aires orientados a facilitar el contacto con la cultura argentina y el idioma español: Harvard Summer Program in Buenos Aires, Argentina[57], NYU Buenos Aires (New York University)[58], entre otros, generalmente dirigidos a estudiantes norteamericanos.

---

55 [http://www.lanacion.com.ar/833544-frena-el-estado-la-proliferacion-de-universidades-privadas]

56 [http://www.coneau.gov.ar/archivos/resoluciones/336-99.pdf]

57 [https://www.summer.harvard.edu/study-abroad/buenos-aires-argentina]

58 [http://www.nyu.edu/buenos-aires.html]

b) Ofertas tipo educación a distancia y e-learning en Argentina

Esta modalidad es muy compleja de analizar, debido tanto a la multiplicidad de proveedores involucrados como a la variedad de ofertas educativas promocionadas. También es muy difícil identificar cuántos estudiantes utilizan esta modalidad de aprendizaje, ya que también hay instituciones locales (p.e. la Universidad Virtual de Quilmes, la Universidad Siglo XXI, la Universidad Católica de Salta, etc.) que en números reales no discriminan entre alumnos presenciales y no presenciales. También en el caso del Ciclo Básico Común de la Universidad de Buenos Aires, existe el programa UBA XXI, "Programa de Educación a Distancia de la Universidad de Buenos Aires, dirigido a personas interesadas en cursar algunas de las materias del Ciclo Básico Común a través de esta modalidad"[59], que permite seguir algunas de las asignaturas de esa instancia educativa, no diferenciando luego bajo que modalidad el estudiante las aprobó, lo que dificulta una cuantificación de los datos.

Entre los *proveedores* se destacan:

- Las corporaciones que brindan formación a distancia. Por ejemplo encontramos la "Oracle University"[60], que depende de la empresa del mismo nombre, quien ofrece diferente tipo de capacitaciones desde cursos hasta diplomaturas en distintas modalidades (presenciales, virtuales en tiempo real, en línea, tutoriales para autoaprendizaje, en grupos laborales, etc.) generalmente orientadas al software y a los sistemas de gestión de datos.

- Las empresas transnacionales que se asocian con universidades locales. Por ejemplo IBM, quien sostiene que "En los últimos años se han desarrollado distintos proyectos académicos con

---

59 [http://www.uba.ar/academicos/uba21/contenidos.php?id=1]

60 [http://www.oracle.com/lad/ar/education/eblast/r-oaec-oaer-190612-ol-1666735-es.html]

universidades nacionales y privadas de nuestro país como UTN (Universidad Tecnológica Nacional), Universidad Nacional del Centro de la Provincia de Buenos Aires, Universidad Nacional de La Plata, ITBA, Universidad de Palermo, Instituto Universitario Aeronáutico, entre otras"[61]. Similar experiencia se llevó a cabo entre la empresa Microsoft, la Facultad de Ciencias Económicas de la Universidad de Buenos Aires de gestión estatal, y las siguientes universidades privadas: Di Tella, Abierta Interamericana (UAI), Kennedy, Austral y el Instituto de Altos Estudios Empresariales (IAE), donde se firmaron convenios con la empresa multinacional para implementar campus virtuales en la nube. (Iriarte, Ferrazzino, 2015)

- Las universidades extranjeras que ofertan licenciaturas y posgrados en línea. Según Didou Aupetit (2002) "Para este tipo de instituciones, México y Argentina han sido, al parecer, puertas de entrada a América Latina."

La amplia variedad de propuestas incluye desde universidades españolas reconocidas en este tipo de programas como Universidad Nacional de Educación a Distancia de España (UNED)[62] o la Universidad Abierta de Cataluña (UOC, por sus siglas en catalán)[63] hasta la Atlantic International University con sede central en Honolulu[64], que no se encuentra autorizada por ninguna agencia acreditadora reconocida por la Secretaría de Educación de los Estados Unidos[65], y que brinda desde carreras de grado hasta Doctorados.

61 [https://www.ibm.com/ar/ibm/universities.phtml]

62 [http://www2.uned.es/buenos-aires/]
[https://web.facebook.com/ceubuenosaires12?sw_fnr_id=4244235602&fnr_t=0&_rdc=1&_rdr]

63 [http://www.uoc.edu/portal/es/]

64 [https://www.aiu.edu/spanish/]

65 En los Estados Unidos actualmente existen siete agencias autorizadas para cubrir las seis regiones de los Estados Unidos. Colectivamente, las siete Comisiones

El diario el *Telégrafo* de Ecuador alerta sobre diferentes instituciones que hacen su oferta en línea pero que no se encuentran certificadas como American Androgogy University, Ashwood University, Atlantic International University, California Institute for Human Science, Clayton College of Natural Health, Collins University, Houston International University, International Biblical University, Janus University, Logos Christian College, Newport University, Preston University, Spenta University, Tecana American University, Trinity College, Universidad Americana de Medicinas Alternativas, Universidad Internacional Iberoamericana, Universidad Nuestro Pacto Internacional, University of Renfrew, Vision International University, York University USA, McFord University[66]. Muchas de ellas brindan la tentadora oferta de acceder rápidamente a una titulación de una universidad norteamericana.

García de Fanelli (1999) advertía ya hace muchos años que:

"Ante la creciente proliferación de diplomas fraudulentos vía Internet, el Consejo de Educación a Distancia y Entrenamiento (Distance Education and Training Council) la única agencia nacional reconocida que evalúa programas a distancia en los Estados Unidos ha tratado de diseminar información sobre estos programas, a fin de que los usuarios de estos cursos puedan discernir entre un programa de calidad y uno fraudulento. Los así llamados 'diploma mills' han sido una preocupación

Regionales acreditan a más de 3 mil instituciones, entre las que se incluyen entidades públicas, privadas sin fines de lucro, y entidades privadas con fines de lucro. Middle States Commission on Higher Education (MSCHE); Northwest Commission on Colleges and Universities (NWCCU); Western Association of Schools and Colleges (Accrediting Commission for Community and Junior Colleges and Western Association of Schools and Colleges (ACCJC-WASC); WASC Senior College and University Commission (WASC-SCUC); Higher Learning Commission (HLC); New England Association of Schools and Colleges - Commission on Institutions of Higher Education (NEASC-CIHE) y Southern Association of Colleges and Schools (SACS).

66 [http://www.eltelegrafo.com.ec/noticias/judicial/13/titulos-falsos-se-ofertan-en-paginas-de-internet]

para la normativa norteamericana sobre educación superior. Entre 1983 y 1986, el FBI (Federal Bureau of Investigations) clausuró 39 colleges que realizaban una publicidad fraudulenta de los programas que ofrecían y pedían elevadas sumas de dinero por ellos (Guernsey, 1997). A partir de ese momento, la oferta de este tipo de programas cesó por un tiempo para adquirir nuevo ímpetu en los últimos años."

Estas "fábricas de diplomas" han requerido una mayor eficiencia y rigor en los organismos de control y en las agencias acreditadoras. Por ejemplo en los Estados Unidos la Comisión Federal de Comercio alerta permanentemente acerca de cómo detectar los diplomas falsos[67]. Diversos países han tenido que salir a defender mediante legislaciones la calidad educativa y la buena fe de sus ciudadanos seducidos por estas ofertas engañosas o decididamente fraudulentas.

Las empresas que ofrecen cursos de aspecto universitario: Next-U (Next-University), afirmando taxativamente que las competencias laborales que garantizan el éxito profesional no pasan por la Educación Superior: *"La Universidad está desconectada del mundo laboral, y, en consecuencia, no capacita a sus egresados para ser exitosos en las empresas"*[68]. Asimismo la ley de Educación Superior 24521/95 señala expresamente en el Art. 27 que *"Las instituciones que responden a la denominación de 'Universidad' deben desarrollar su actividad en una variedad de áreas disciplinarias no afines orgánicamente estructuradas en facultades, departamentos o unidades académicas equivalentes. Las instituciones que circunscriben su oferta académica a una sola área disciplinaria se denominan Institutos Universitarios"*. Y en su Art. 62 *"Las instituciones universitarias privadas deberán constituirse sin fines de lucro, obteniendo personería jurídica como asociación civil o fundación. Las mismas serán autorizadas por decreto del Poder Ejecutivo Nacional, que*

---

67 [https://www.ftc.gov/es/consejos/para-empresarios/evitese-problemas-con-diplomas-falsos-examinando-las-credenciales]

68 [https://www.nextu.com/blog/para-google-un-titulo-universitario-no-dice-nada/]

admitirá su funcionamiento provisorio por un lapso de seis (6) años, previo informe favorable de la Comisión Nacional de Evaluación y Acreditación Universitaria, y con expresa indicación de las carreras, grados y títulos que la institución puede ofrecer y expedir".

Vale en este sentido recordar lo que diversos estudios coinciden en destacar como un conjunto de mutaciones en la estructura valorativa de los futuros alumnos de la Universidad: Siendo entonces que, como destaca Iriarte (2008), se ha establecido una cultura que reifica el dinero, rinde culto a la imagen y a la búsqueda de lo inmediato (Zelaya 2003) (Lipovestky, 2004), enfatiza los comportamientos individualistas o narcisistas (Lipovestky, 2003), determina una pérdida de la importancia del esfuerzo donde todo es medido en un esquema simplista de costo-beneficio, reemplazando la categoría de autosuperación (que entraña necesariamente perseverancia y dedicación) por la de "triunfo rápido" (lo cual si no llega, implica visualizar cada "fracaso" como terminal y definitivo).

Del mismo modo, la imposición de la lógica del mercado y la creciente demanda de profesionalización, provoca la elección de una carrera universitaria en términos de "salida laboral", donde prima la obtención de un título en el menor plazo posible, considerándose entonces no los tiempos "legales" de cursada –establecidos por el Plan de estudio–, sino lo que el imaginario califica como carrera corta o larga, o fácil o difícil. De igual modo, también es una presencia en el imaginario de los jóvenes el temor al desempleo. Por ello se eligen carreras que se asocian con un "trabajo seguro" y cuya cursada parezca "divertida". Es por ello que la oferta de titulaciones *on line* crece exponencialmente.

Por otra parte, también debemos reconocer que el desarrollo de las nuevas tecnologías de información y comunicación, así como el auge de las redes sociales, está influyendo sobre los aspectos básicos de las relaciones sociales. Una de las consecuencias más evidente de estas transformaciones son los cambios en la concepción del espacio y el tiempo. Marquis (2002, 1) afirma entonces que "El espacio se ve modificado dado que las nuevas tecnologías trascienden las fronteras, acercándonos instantáneamente a hechos y personas. El tiempo se altera debido al predominio de la instantaneidad propiciada por la tecnología on line. Como consecuencia, un gran número de comunicaciones basadas en transacciones de papel y encuentros cara a cara son ahora reemplazadas por el uso de tecnologías informáticas."[69]

Asimismo, los organismos de acreditación se transforman también en herramientas del mercado ya que permiten medir la supuesta calidad de las universidades y establecer un ranking de instituciones de educación superior, cuestión que es usada por esas mismas universidades para persuadir de la validez de su oferta[70].

En el sentido opuesto, las universidades de dudosa calidad son las denominadas "Universidades patito"[71], "universidades de garajes" o "Mickey Mouse negrees", que funcionan en muchos países sin la consabida autorización o acreditación[72]. Estas organizaciones funcionan en países donde el costo de los estudios superiores de calidad es alto, ofreciendo entonces titulaciones similares a mucho menor valor económico. En nuestro país donde la Universidad

---

69 En un artículo publicado en el diario *La Nación* del 27 de septiembre de 2017. Se afirma que "Los adolescentes argentinos relacionan las lecturas en papel específicamente con los textos escolares porque para ellos el mundo pasa por las pantallas y lo que prefieren son los sitios web, los foros, los blogs y la información que circula por las redes sociales."
[http://www.lanacion.com.ar/2066828-los-adolescentes-solo-leen-en-papel-textos-escolares]

70 Ejemplo: "La Facultad de Diseño y Comunicación de la Universidad de Palermo se ubicó entre las 50 mejores del mundo confirmando el primer puesto (TOP 1) al ser reconocida por tercer año consecutivo como la mejor en Diseño entre las universidades privadas argentinas (en el Ranking se evalúa la Facultad de Diseño y Comunicación en su conjunto con todas sus carreras y actividades)."
[http://www.palermo.edu/dyc/elmejordiseno/]

71 RODRÍGUEZ GÓMEZ, Roberto (2003) "Entre lo público y lo privado. La polémica de las universidades 'patito'", en: BERTUSSI, Guadalupe Teresinha (editora), Anuario Educativo Mexicano. Visión retrospectiva, México, Miguel Ángel Porrúa y UPN, 2004, pág. 431-467.

72 [https://www.profeco.gob.mx/revista/publicaciones/adelantos_03/univer_patito_jul_03.pdf]

pública es gratuita, el atractivo del ofrecimiento radica en la supuesta facilidad, rapidez o en el aprendizaje basado en la práctica y no en la "aburrida e innecesaria" teoría.

c) Franquicias: Casos en Argentina

Esta modalidad consiste en que la institución proveedora le otorga a la institución del país huésped, el permiso o la licencia para ofrecer el título de una carrera o programa propuesto por la institución proveedora. Un ejemplo de ello es el dictado de diferentes Maestrías que se dictan en nuestro país con formato "llave en mano" diseñado desde el exterior.

Ejemplos son dos instituciones españolas con alcance internacional como ESADE Business School y IE Business School[73] que dictan sus programas en diferentes instituciones educativas del país: Universidad Católica de Córdoba, Universidad de San Isidro, Universidad de San Andrés, entre otras.

d) Las alianzas universitarias de las instituciones nacionales de educación superior y las extranjeras en torno a:

- La instalación de una oferta curricular bi o trinacional, en el marco de programas de cooperación macrorregional.
- El doble título, por convenios directos entre universidades[74], lo cual permite acceder a un título con validez en el extranjero sin salir del país.

---

[73] [http://www.iprofesional.com/notas/179999-IE-Business-School-en-la-Argentina-Estudiar-en-Espaa-es-ser-un-ciudadano-del-mundo]

[74] [https://www.itba.edu.ar/la-universidad/internacional/doble-titulacion/]
[http://faud.unc.edu.ar/doble-titulacion/]
[http://www.seu.utn.edu.ar/noticias/lanzamiento-doble-titulacion-para-ingenieria-industrial]
[http://www.argentine.campusfrance.org/es/actualite/carreras-franco-argentinas-de-doble-titulaci%C3%B3n-en-la-usal]
[http://www.udesa.edu.ar/titulacion-doble-administracion-finanzas]

En Argentina, esta oferta educativa se ha desarrollado en algunas carreras de grado, pero principalmente a nivel de posgrado. Sin embargo, a diferencia de las franquicias que se dan entre instituciones privadas, los acuerdos de cooperación o de doble titulación pueden darse también con Universidades Nacionales de gestión pública, considerando que las carreras de posgrado son aranceladas, no gratuitas como las de grado.

Es por ello que la aparición de una Universidad extranjera de prestigio, también constituye un recurso de marketing para hacer más atractiva la oferta educativa. Tal es el caso de la Universidad Nacional de Tres de Febrero y la Universidad de Bologna que desde agosto de 2001[75] dictan una Maestría en Investigación Social[76]. Similar experiencia lleva a cabo la Universidad Nacional de San Martin con Georgetown University[77]. Asimismo, la Universidad de Belgrano ofrece distintos MBA con doble titulación: en Dirección Estratégica de Empresas con la Universidad de Barcelona; en Marketing, Gestión de Recursos Humanos, Finanzas de la Empresa, Negocios Internacionales con L'Ecole de Management de Lyon; y en Auditoría y Control de Gestión con Florida International University. También ofrece doble titulación en las Maestrías de Derecho Penal con la Universidad de Alcalá de Henares, en Computación Gráfica con la Ecole d'Architecture de Marseile-Luminy, en Ingeniería de Vehículos Automotorescon la Universidad Politécnica de Madrid, entre otras.

Del mismo modo, la Universidad del Salvador ha firmado convenios con las siguientes Universidades: State University of New York-Albany, Georgetown University, la Universidad de Deusto-Bilbao, la Universitá degli Studi di Pisa, la Universidad Carlos III, la Université París X y la Université París I, para el desarrollo de cursos de posgrado.

75 [https://www.pagina12.com.ar/2001/01-08/01-08-05/pag19.htm]

76 [http://www.ba.unibo.it/oferta-formativa-de-la-universidad-de-bolonia-en-argentina/cursos-generales/metodologia-de-la-investigacion-2011]

77 [http://www.unsam.edu.ar/escuelas/politica/mppygd/]

La Universidad Blas Pascal, que dicta un Master in Business Administration en convenio con la Universidad Diego de Portales de Chile. Tampoco en estos casos hay datos estadísticos sobre estudiantes que adquieren una doble titulación o títulos homologados internacionalmente.

Otro es el caso de la cooperación entre el Lincoln Institute of Land Policy y la Universidad de General Sarmiento[78] o la Universidad Torcuato Di Tella[79], ya que esa primera institución no es específicamente una casa de altos estudios, sino un centro de investigación.

Un rubro aparte son las Universidades Internacionales como FLACSO[80], que es definida por la Secretaría de Políticas Universitarias como una Universidad "internacional" y no como una institución extranjera, presentándose entonces como un ejemplo paradigmático de la pretendida y deseada cooperación internacional. El aumento significativo de estudiantes de postgrado en esta institución manifiesta esto.

Cuadro N° 3. Estudiantes en la sede Buenos Aires de la Universidad FLACSO

2006	2007	2008	2009	2010	2011	2012	2013	2014
653	703	820	1062	2752	5762	5762	7604	6212

Fuente: Elaboración propia en base a Anuarios de Estadísticas Universitarias SPU
Nota: Los Anuarios SPU no distinguen entre estudiantes de grado y posgrado en esta institución

78 [https://www.lincolninst.edu/sites/default/files/sources/courses/convocatoria_e_informacion_gpu.pdf]

79 [http://www.utdt.edu/ver_contenido.php?id_contenido=9294&id_item_menu=18072]

80 La Facultad Latinoamericana de Ciencias Sociales (FLACSO) fue creada en 1957 por iniciativa de la UNESCO con el estatus de organismo internacional, intergubernamental, regional y autónomo integrado por los países latinoamericanos y del Caribe que adhieren al Acuerdo y conforman el Sistema FLACSO: Argentina, Bolivia, Brasil, Costa Rica, Cuba, Chile, Ecuador, Honduras, Guatemala, México, Nicaragua, Panamá, Paraguay, República Dominicana, Surinam y Uruguay. [http://flacso.org.ar/]

La indiferenciación que a veces se hace entre los conceptos de "Educación Transnacional" y "Educación Internacional" lleva a confusiones inútiles que impiden el real entendimiento de esto fenómenos. En un documento[81] elaborado por un conjunto importante de Rectores de la Red de Universidades Nacionales del Conurbano Bonaerense (Runcob) señalan que el paradigma dominante de la internacionalización es "aquel que concibe a la educación superior como un servicio transable, de mercado, bajo la aparente regulación de la OMC y el Banco Mundial, a la que podríamos denominar como el modelo Bolonia de la internacionalización de la Educación Superior", circunstancia que calificaríamos de transnacionalización. Mientras que dichos rectores se inclinan por otro, el llamado modelo Cartagena donde se considera a la educación un bien público, proponiendo, entre otras cuestiones "la concreción de un espacio latinoamericano de educación superior". Y es en este sentido que un "espacio latinoamericano" sería un ejemplo claro de "cooperación internacional" entre países de la región.

Movilidad de los estudiantes universitarios

Uno de los aspectos más relevantes de la internacionalización de la Educación Superior en es la *movilidad de estudiantes*[82], es decir, estudiantes de un determinado país, en nuestro caso Argentina, que viajan al exterior para cursar una carrera, un programa de actualización o una

---

81 Ver MONZÓN, Marcelo A. (2014) "Internacionalización de la Educación Superior. Análisis y Acción: Apuntes para el desarrollo de un modelo conceptual" en *RUNCoB* (2014) *Desde el sur: miradas sobre la internacionalización*, Ediciones de la UNLa - Universidad Nacional de Lanús, Remedios de Escalada.

82 De acuerdo al Acuerdo General sobre el Comercio de Servicios se establece distintas Modalidades. La Modalidad 2 corresponde al consumo en el extranjero. El consumidor se desplaza hacia el país donde vive el proveedor. En el caso de la educación, esta modalidad incluye la movilidad tradicional de los estudiantes de un país a otro. Internacional. Opciones planteadas al espacio regional del MERCOSUR", Departamento de Economía, Facultad de Ciencias Sociales, Universidad de la República.

serie de asignaturas que pueden ser reconocidas en el país de origen. Y, también, estudiantes internacionales que se radican en Argentina con ese mismo objetivo. Fuera de las estadísticas están los estudiantes que sin moverse físicamente estudian vía *on line* en otros países.

Vale aclarar que tanto la UNESCO como la OCDE diferencian entre *estudiante "extranjero"* que es aquel que tiene una nacionalidad distinta al país donde estudia y *estudiante "internacional"*, siendo que estos últimos son aquellos que se radican en otro país con el objetivo primario de estudiar. De modo que el Instituto de Estadísticas de la UNESCO, como la OCDE y el EUROSTAT[83] coinciden en definir "a los estudiantes internacionales como aquellos que no son residentes en el país de estudio o aquellos que recibieron su educación previa en otro país. Cuando la información sobre estudiantes internacionales no se encuentra disponible, se utiliza la información de estudiantes extranjeros."[84] Esta cuestión lleva a numerables confusiones, puesto que, si bien es cierto quepara los estudiosos de los procesos migratorios o de los fenómenos de integración multicultural el análisis de las trayectorias de los estudiantes extranjeros puede dar origen a un cúmulo de información de enorme utilidad, estos datos no son aparentemente tan relevantes a la hora de encarar una investigación sobre la Educación Superior Internacional y Transnacional, puesto que es más simple consignar simplemente la nacionalidad del estudiante.

De Allende y Moronez Díaz (2006) con el objeto de clarificar los términos de la movilidad estudiantil, sostiene que existen cuatro tipos diferentes de estudiantes extranjeros:

> *"El primero está constituido por* estudiantes de intercambio generados en convenios internacionales; *estudian por un período corto*

[83] UNESCO (2014) *Higher Education in Asia: Expanding Out, Expanding Up - The Rise of Graduate Education and University Research* [http://uis.unesco.org/sites/default/files/documents/higher-education-in-asia-expanding-out-expanding-up-2014-en.pdf]

[84] OECD (2013) *Education Indicators in Focus*, julio de 2013.

de uno o dos semestres, con reconocimiento de los estudios en la universidad de origen.

El segundo tipo está representado por estudiantes *que asisten a los centros de estudios para extranjeros o centros* para el aprendizaje de idiomas *y la difusión cultural.*

El tercer tipo lo forman estudiantes independientes que cursan una carrera completa, autofinanciados *o beneficiados con becas otorgadas por algún organismo o institución.*

Por último, el cuarto tipo lo constituyen aquellos estudiantes que desean efectuar una estancia corta en alguna otra universidad u organismo a efecto de apoyar en la docencia, desarrollar un trabajo de investigación de tesis de grado o práctica profesional."[85]

Sin embargo consideramos que podemos considerar sin dudas como "estudiantes internacionales" a los del primer y último grupo, ya que la condición de "movilidad estudiantil" es lo que los define. Los del tercer tipo son lo que se caracterizan habitualmente como "estudiantes extranjeros", aunque no necesariamente sea así, pues no se explicita si la radicación es de larga data, definitiva o transitoria. (El segundo grupo lo descartamos porque podría comprender estudios de no universitarios o cursos de extensión.)

Continuando con lo anterior, Lucas Luchilo (2006) afirma que "*La movilidad internacional de estudiantes universitarios es uno de los principales aspectos de la movilidad de personal calificado y, a la vez, la faceta más notoria de los procesos de internacionalización de la educación superior*", agregando, además, que dicha movilidad que se configura "*como instrumento de cooperación es el abordaje más tradicional, presidido por consideraciones político culturales, de fomento del intercambio académico y de ayuda al desarrollo*"[86].

---

85 DE ALLENDE, Carlos María-MORONES DÍAZ, Guillermo (2006) "Glosario de términos vinculados con la cooperación académica" *ANUIES* México, junio de 2006.

86 LUCHILO, Lucas (2006) "Movilidad de estudiantes universitarios e internacionalización de la educación superior", en *Revista iberoamericana de Ciencia, Tecnología y Sociedad*, Vol. 3 Nº 7, Ciudad Autónoma de Buenos Aires, sept. 2006.

Cuadro Nº 4. Tasa de estudiantes Internacionales (grado/pregrado) (%)[87]
Según país de destino. 2004

	País	Tasa %
América	Estados Unidos	3,40
	Canadá	3,30
	Uruguay	2,20
	Argentina	**1,05**
	Chile	0,90
	Bolivia	0,50
	México	0,10
Europa	Reino Unido	13,40
	Francia	11,00
	Portugal	3,90
	Italia	2,00
Oceanía	Australia	16,60
África	Sudáfrica	7,00

Fuente: Bohoslavsky-Moler, 2007, sobre la base de UNESCO, 2006, 130

No obstante, vale señalar que el cuadro precedente afirma explícitamente que *"Se consideran para este análisis 'Estudiantes Internacionales' a aquellos estudiantes que no son ciudadanos argentinos (extranjeros con o sin residencia, extranjeros con visa de estudios o turismo)"* (Bohoslavsky-Moler, 2007, 2) lo cual puede generar confusión al tomar como "internacional" lo que debería ser considerado simplemente "extranjero" ya que contempla la posibilidad

[87] Como porcentaje de la matrícula total de ese país.

que el estudiante cuente con residencia en el país, o se considere "argentino" a aquel que nació en nuestra nación u optó por esa ciudadanía aunque hace años que no viva en el país y que decida venir a estudiar aquí por alguna ventaja comparativa...

Luchillo (2017) señala es importante dar cuenta de esta diferenciación porque muchos de los estudiantes que son simplemente calificados como "extranjeros" *"son hijos de inmigrantes que nacieron en el país de origen de sus padres, que llegaron como niños o adolescentes a la Argentina, que estudiaron en escuelas argentinas y que cuando llegan a la universidad todavía no tienen la nacionalidad argentina. Son residentes permanentes que llevan muchos años viviendo en el país"*. Los califica como "migrantes". En cambio los estudiantes internacionales *"vienen a la Argentina para estudiar. Pueden venir por distintas razones: porque hay ingreso irrestricto y gratuidad, porque las universidades privadas son accesibles y de buena calidad, porque hay nichos específicos de formación en los que el país tiene instituciones de calidad, porque los estudiantes piensan que tener una experiencia educativa internacional es importante para sus carreras profesionales, porque la legislación migratoria argentina es abierta, porque los estudiantes tienen parientes en la Argentina que les pueden dar alojamiento y apoyo, porque Buenos Aires es una ciudad cosmopolita y culturalmente atractiva, porque no tienen posibilidad de cursar las carreras de su preferencia en su país de origen, o por diversas combinaciones de estos y de otros factores..."*[88] Es por ello que Luchilo (2015) considera que si bien el criterio de nacionalidad es el más sencillo, no es el adecuado para medir la movilidad de los estudiantes.

[88] LUCHILO, Lucas (2017) "Estudiantes internacionales: ¿costo o beneficio?" [http://www.nuevospapeles.com/nota/2100-estudiantes-internacionales-costo-o-beneficio]

Cuadro N° 5. Tasa de estudiantes Internacionales (grado/pregrado) (%) en Argentina. Año 2007

Instituciones Universitarias	Estudiantes internacionales Grado/ Pregrado	Población estudiantil Grado/ Pregrado	Tasa de estudiantes internacionales%
Gestión Estatal	10574	1283738	0,82
Gestión Privada	5833	278418	2,10
Total	**16407**	**1562156**	**1,5**

Fuente: Bohoslavsky-Moler, 2007[89]

Patricia Flores (2010) analiza la variación de estudiantes argentinos en el exterior de acuerdo con datos de OCDE entre 2001 y 2007, identificando cómo se han modificado los destinos, señalando la dificultad en encontrar fuentes confiables para obtener datos.

Cuadro N° 6. Variación de estudiantes argentinos en el exterior (2001-2007)

Países de destino	2001	2007	%: 2001/7
Estados Unidos	2751	2875	5
España	1115	3636	226
Francia	508	662	30
Alemania	419	456	9
Reino Unido	419	340	-19
Italia	264	560	112
Suiza	128	128	-
Australia	86	80	-7

Fuente: Flores (2010) en base a OCDE

89 BOHOSLAVSKY, Pablo; MOLER, Emilce (2007) "Informe Estadístico de Estudiantes Internacionales". Ministerio de Educación. Secretaría de Políticas Universitarias. Programa de Promoción de la Universidad Argentina.

La variabilidad de los destinos y el número de estudiantes, suponemos, depende de numerosos factores: La condición socioeconómica del país de origen y el de destino, el idioma, las ofertas y ventajas de los títulos extranjeros, la disponibilidad de becas y sus requisitos, la posibilidad de ahorrar en moneda extranjera, el tipo de cambio, etc.

Un dato que apoyaría la primera posición que en los últimos años mantiene a España como país elegido es claramente el idioma, puesto que, como señala la OCDE (2012) el 73,5% de los estudiantes argentinos en el exterior mantiene el mismo lenguaje de su nación de origen[90].

Por otra parte, como afirma Patricia Flores (2010) "La inclinación de los latinoamericanos por los Estados Unidos probablemente se deba a las mismas condiciones coyunturales de desarrollo, empleo y formación que atraen a la mayoría de los estudiantes internacionales: adquirir experiencia académica y profesional en especialidades poco desarrolladas en el país de nacimiento. Pero esta elección también puede ser explicada por el factor de «afinidad cultural» ( ), debido a la identificación que muchos jóvenes latinoamericanos tienen con los valores y comportamientos de la sociedad estadounidense, en base a los mensajes y códigos que desde hace décadas son propagados por los medios de comunicación masiva a través de canales de difusión como el cine, la televisión y la música"[91]. No obstante, se destaca que la disminución del flujo inmigratorio de los países latinoamericanos hacia Estados Unidos en la última década tiene que ver con el mayor rigor de las nuevas políticas migratorias después del 11 de septiembre y la mirada más crítica que tienen los ciudadanos latinoamericanos sobre aquella nación.

Otro factor que determinaría posiblemente la elección de Estados Unidos como destino educativo es el deseo de permanecer en ese país

---

[90] OECD (2012), *Education at a Glance 2012: OECD Indicators*, OECD Publishing, pág. 380.
[https://www.oecd.org/edu/EAG%202012_e-book_EN_200912.pdf]

[91] FLORES, Patricia Bárbara (2010) "Principales evidencias de la movilidad internacional de graduados universitarios argentinos", en *Revista iberoamericana de Ciencia, Tecnología y Sociedad* Vol. 5 Nº 14, Ciudad Autónoma de Buenos Aires ene./abr. 2010.

que tienen, por ejemplo los estudiantes de doctorado latinoamericanos en ciencia e ingeniería, siendo los argentinos quienes tienen los planes más firmes de radicarse en aquel país. (Ver Cuadro 9)

De acuerdo con la UNESCO encontramos:

Cuadro Nº 7. Flujo de estudiantes internacionales en Educación Terciaria
Estudiantes argentinos en el exterior:

Año		2002[92]	2006[93]	2008[94]	2009[95]	2010[96]	2014[97]
Estudiantes de Argentina estudiando en el extranjero	MF	8485	7934	9060	9501	9314	8084
	Tasa de movilidad hacia el extranjero %	0,4	0,4	0,4	0,4		
	Tasa bruta de matrícula en el extranjero	0,3	0,2	0,3	0,3		

92 Aunque la Tabla consigna 2004 para Argentina son datos provisorios de 2002. UNESCO (2006) Compendio Mundial de la Educación 2006 Comparación de las estadísticas de educación en el mundo, Instituto de Estadística de la UNESCO, Montreal, Quebec, 2006, pág. 133.

93 UNESCO (2008) Compendio Mundial de la Educación 2008 Comparación de las estadísticas de educación en el mundo, Instituto de Estadística de la UNESCO, Montreal, Quebec, 2008, pág. 122.

94 UNESCO (2010) Compendio Mundial de la Educación 2010 Comparación de las estadísticas de educación en el mundo, Instituto de Estadística de la UNESCO, Montreal, Quebec, 2010, pág. 178.

95 UNESCO (2011) Compendio Mundial de la Educación 2011 Comparación de las estadísticas de educación en el mundo, Instituto de Estadística de la UNESCO, Montreal, Quebec, 2011, pág. 200.

96 VER LUCHILO Lucas (2013) "Estudiantes en movimiento: perspectivas globales y tendencias latinoamericanas" en PELLEGRINO, Andrea (2013) *La migración calificada desde América Latina Tendencias y consecuencias*, Programa de Población Unidad Multidisciplinaria, Facultad de Ciencias Sociales Universidad de la República, Uruguay, pág. 69.

97 Flujo Global de Terciario-Nivel Estudiantes en: [http://www.uis.unesco.org/Education/Pages/international-student-flow-viz.aspx]

Cuadro Nº 7. Flujo de estudiantes internacionales en Educación Terciaria
Estudiantes argentinos en el exterior ***(continuación)***

Año		2002	2006	2008	2009	2010	2014
Cinco principales destinos y Nº estudiantes argentinos estudiando en el país de destino		EEUU 3644	EEUU 3140	EEUU 2538	EEUU 2341	España 3005	España 2109
		Francia 838	España 975	España 1947	España 2297	EEUU 2146	EEUU 1829
		España 802	Francia 746	Cuba 864	Cuba 864	Cuba 827	Brasil 772
		Alemania 519	Alemania 549	Francia 768	Brasil 772		Francia 739
		Reino Unido 434	Cuba 454	Italia 560	Francia 753		Cuba 685
Estudiantes provenientes del extranjero en el país anfitrión		3261					
Flujo de estudiantes internacionales (estudiantes del extranjero en el país - estudiantes del país en el extranjero)	MF	8485					
	Tasa neta de flujo %						

Fuente: Elaboración propia en base a datos de UNESCO

Como podemos observar en el Cuadro 7, no aparecen desde 2002 datos fehacientes sobre estudiantes internacionales en nuestro país, ni tampoco hay datos sobre los países de origen, lo que hace dificultoso discernir entre estudiantes meramente extranjeros y estudiantes internacionales.

Gráfico 1.

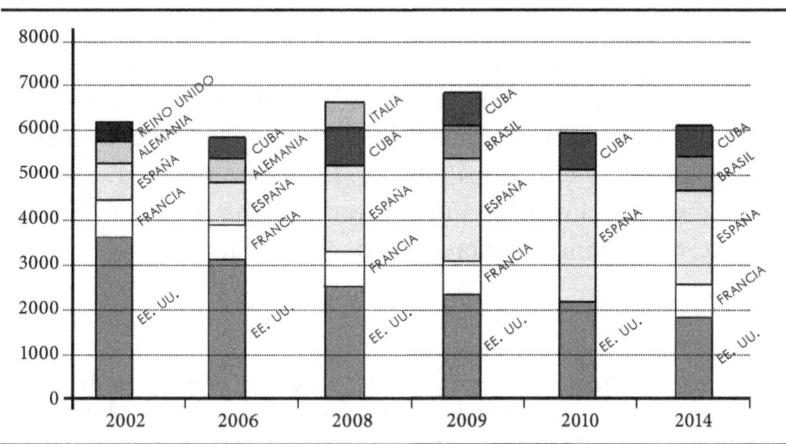

Fuente: Elaboración propia en base a Cuadro 7

Cuadro Nº 8. Estudiantes Internacionales en Estados de Unidos por países de origen 2011/2012 - 2012/2013

Lugar de Nacimiento	2011/2012	2012/2013	% variación
Argentina	**32602**	**34692**	**6,4**
Bolivia	1025	1024	0,1
Brasil	9029	10868	20,4
Chile	2203	2349	6,6
Colombia	6295	6543	3,9
Ecuador	2160	2299	6,4
French Guiana	1	4	300,0
Guyana	224	206	-8,0
Paraguay	342	395	15,5
Perú	2702	2539	-6,0
Surinam	92	88	-4,3
Uruguay	360	365	1,4
Venezuela	6281	6158	-2,0

Fuente: OIM (2016, 91)[98]
Nota: El cuadro no discrimina por nivel educativo.

[98] Organización Internacional para las Migraciones (2016) *Cuadernos Migratorios Nº 7 Migración calificada y desarrollo. Desafíos para América del Sur*, OIM, Oficina Regional para América del Sur, Buenos Aires.

Es llamativa la diferencia numérica entre los datos de la OIM (que provienen de organismos de los Estados Unidos) y los datos presentados por la UNESCO respecto a la cantidad de estudiantes argentinos en aquel país en el mismo período de tiempo. Lo cual no hace más que poner en evidencia las dificultades para obtener datos confiables y cruzar los mismos. Esta cuestión surge respecto a la propia definición del término "estudiante internacional" que no equivale, como hemos dicho, a "estudiante extranjero".

Cuadro Nº 9. Planes de permanecer en los Estados Unidos por parte de los latinoamericanos receptores de doctorados en ciencia y tecnología. 1994-2005

Lugar de Nacimiento	Cantidad de latinoamericanos doctorandos en Ciencia e Ingeniería			% con Planes de Permanecer			% con Firmes Planes de Permanecer		
	94-97	98-01	02-05	94-97	98-01	02-05	94-97	98-01	02-05
México	599	781	789	40,2	36,7	46,6	21,5	26,4	31,3
Argentina	**244**	**273**	**321**	**65,2**	**61,2**	70,7	**43,4**	**47,6**	**54,2**
Brasil	681	612	567	32,2	34,3	42,9	18,5	23,7	31,0
Chile	147	126	200	38,8	53,2	37,5	23,1	42,1	28,0
Colombia	178	206	322	54,5	56,8	57,5	29,2	40,8	35,4
Perú	128	111	140	71,9	62,2	71,4	42,2	38,7	45,0

Fuente: Flores (2009)[99].
Sobre la base de varios números de "Science & engineering indicators, National Science Foundation, EEUU".

99 VER FLORES, Patricia Bárbara (2009) "Movilidad internacional de graduados universitarios argentinos. Características e impactos" en XXVII Congreso de la Asociación Latinoamericana de Sociología. VIII Jornadas de Sociología de la Universidad de Buenos Aires. Asociación Latinoamericana de Sociología, Buenos Aires.

Asimismo, el atractivo de España, además del idioma y la "afinidad cultural", consiste en la "la importante oferta de becas para la formación de latinoamericanos en universidades españolas, en base a las estrategias de cooperación internacional que el Ministerio de Asuntos Exteriores y de Cooperación de España implementa con los países de América Latina". (Flores, 2010)

Con respecto a Brasil, podemos señalar que el prestigio creciente de las instituciones universitarias, la cercanía geográfica y la disponibilidad de becas, a pesar de ciertas limitaciones lingüísticas, genera mayor interés en cursos de postgrado.

En relación con Francia, históricamente fue el lugar preferido por la comunidad francófona local formada en instituciones secundarias de Argentina como el Liceo Jean Mermozy el Colegio Franco-Argentino de Martínez, que tienen convenios con la *AEFE* (*Agence pour l'enseignement français à l'étranger*) y permiten continuar estudios superiores en Francia, así como con la existencia de Centros de cooperación específicos en las Universidades de Buenos Aires, Córdoba y Cuyo que facilitan la elección de postgrados en aquel país. Similar fenómeno ocurriría con Italia y Alemania.

También vale señalar que la aparición de Cuba como destino está muy vinculada con las generosas becas que ofrecía la isla para estudiar medicina en la Escuela Latinoamericana de Ciencias Médicas (ELAM) dirigida a jóvenes de zonas de bajos recursos[100], sin embargo, a pesar de la firma de un Convenio de Cooperación Educativa entre Argentina y Cuba el 25 de noviembre de 1998[101] relativo al "Reconocimiento de Certificados, Títulos y grados académicos de Educación Superior", hubo un largo debate hacia 2006/2007[10] si correspondía a los egresados rendir un examen de reválida o no, optándose en 2009[103] por una

100 *Clarín*, viernes 01.03.2002.

101 [http://portales.educacion.gov.ar/dnci/files/2011/10/CUBA-Convenio-25-11-1998.pdf]

102 [http://www.intramed.net/contenidover.asp?contenidoID=44363]

103 [http://www.infoleg.gov.ar/infolegInternet/anexos/145000-149999/149236/norma.htm]

convalidación automática de los estudios. Suponemos que esta indefinición hizo bajar el interés en Cuba. Coincidiendo con esta tendencia en el *Anuario de Estadísticas Universitarias del 2011* del Ministerio de Educación se menciona que en el 2011 se otorgaron sólo 13 becas[104] en comparación con los 450 los alumnos becados en Cuba en 2008[105].

Lucas Luchilo (2013) sostiene que a Argentina, a diferencia de otros países latinoamericanos, no ofrece orgánicamente subsidios para realizar estudios de posgrado en el exterior de importancia. Por ejemplo, el CONICET argentino no financia becas de posgrado en el exterior, solamente estadías cortas doctorales o posdoctorales para investigadores de carrera de la propia institución.

En 2012 se lanzó el programa Bec.ar, dependiente de la Jefatura de Gabinete de Ministros, que otorgaría 1.000 becas en cuatro años, para maestrías de especialización en EE.UU, Francia e Italia, especialización en innovación y gestión de la ciencia y tecnología en Brasil y Corea y apoyo a estancias cortas para especialización en instituciones de otros países. Según la página web respectiva[106] se consigna que en la primera convocatoria a las Becas para Maestrías en Ciencia y Tecnología en Estados Unidos en convenio con la Comisión Fullbright, seleccionó a 48 profesionales de 9 provincias y en la primera convocatoria para realizar el curso de Especialización en Innovación y Gestión de la Ciencia y la Tecnología que se desarrolló en la Fundación Getulio Vargas de Brasil se eligieron a otras 40 personas.

La mayoría de los departamentos de "Cooperación internacional" de las universidades argentinas cumple la tarea de vincular a los posibles postulantes con becas ofrecidas por organismos extranjeros[107].

---

[104] SPU (2001) Anuario de Estadísticas Universitarias 2011, Ministerio de Educación de la Nación, pág. 290.

[105] [http://www.ellitoral.com/index.php/diarios/2008/01/22/metropolitanas/AREA-03.html]

[106] [https://www.becar.gob.ar/]

[107] Asociación Universitaria Iberoamericana Posgrado (AUIP), Programa de Capacitación de la Agencia de Cooperación Internacional del Japón (JICA), Comisión

Este hecho puede evidenciarse en los valores prácticamente inamovibles de estudiantes argentinos en el exterior. (Ver Cuadro 6) También es cierto que las estadísticas no ofrecen información sobre el nivel del estudio que se emprende fuera del país, no pudiendo diferenciar entre carreras de grado o postgrado. Sin embargo, podemos suponer que la mayoría de estudiantes corresponden a posgrado ya que no es fácil revalidar u homologar las carreras que brindan competencias profesionales y que el país cuenta con una amplia, accesible y gratuita oferta de carreras de grado.

Otra cuestión sobre el que también faltan datos es sobre el área de estudio que eligen los argentinos en el exterior, ya que, por ejemplo, a partir de 2013 los estudiantes que eligieron a Francia como destino cambiaron la clásica orientación por las ciencias sociales y humanidades por la ciencia y la tecnología[108], motivados por un tipo de beca propuesto por el programa de cooperación *Arfitec* que propone entre otros objetivos "Promover la movilidad de estudiantes y docentes-investigadores para favorecer el reconocimiento recíproco de los períodos de estudio e inclusive de los diplomas, posibilitando la apertura profesional de los graduados."[109]

De manera particular y dentro de los acuerdos Mercosur se ha impulsado el programa MARCA que constituye el primer programa de internacionalización de la educación superior promovido por los gobiernos desde el Sector Educativo del organismo multilateral. La movilidad de los estudiantes se realiza entre los países miembros y asociados del bloque, se lleva a cabo en etapas, en períodos lectivos regulares de un semestre académico y de acuerdo a las carreras acreditadas por el Mecanismo Experimental de Acreditación de Carreras de Grado del Mercosur

Fullbright, Fundación Carolina, Agencia de Cooperación Internacional de Chile (AGCI), Proyecto Prometeo es una iniciativa del Gobierno Ecuatoriano, Ministerio de Asuntos Exteriores de Rumania, etc.

108 [http://noticias.universia.com.ar/en-portada/noticia/2015/03/11/1121286/argentinos-eligen-estudiar-francia.html]

109 [http://arfitec.siu.edu.ar/]

(MEXA)[110]. Este Mecanismo implementó la acreditación de las carreras de Agronomía, Ingeniería y Medicina. Según García de Fanelli (2009) "hasta el segundo semestre del 2008, este programa dio lugar a la movilidad de 261 estudiantes, de los cuales 81 son argentinos."

Asimismo, no hay datos tampoco sobre el tiempo de estudio en el exterior ya que muchos programas de intercambio proponen instancias de corta duración. Estas propuestas dependen de los convenios específicos firmados entre instituciones e incluso por Facultades de una misma institución. Por ejemplo, se afirma que "Entre 1997 y 2014, en la Facultad de Ingeniería de la UBA unos 400 alumnos estudiaron en el exterior. En 2015, viajaron 100. En Ingeniería estiman que el 20% de los flamantes ingenieros cursó materias en el exterior" mientras que "en la Facultad de Psicología de la UBA no superaron los cinco viajes de intercambio por año. Explican que falta una reciprocidad de las universidades que firman los acuerdos, ya que en promedio Psicología de la UBA recibe por año cerca de 60 estudiantes."[111]

Estudiantes internacionales y estudiantes extranjeros: una difícil catalogación

Una cuestión aún más compleja de cuantificar es la cantidad de estudiantes argentinos que se encuentran estudiando en diferentes programas a distancia (no presenciales o semipresenciales) ofrecidos por Universidades extranjeras, la gran mayoría de los cuales corresponden a distinto tipo de estudios de posgrado, pero que no implican residir en el exterior. Tampoco hay datos sobre el número de estudiantes que viven en nuestro país y que han optado por programas de doble titulación.

La OCDE destaca que en la década comprendida desde 2000 y hasta 2010, el número de estudiantes de educación superior internacionales matriculados en todo el mundo aumentó un 99%, con

110 [http://programamarca.siu.edu.ar/acerca.php]

111 *La Nación*, 24 de octubre de 2016.

una tasa promedio crecimiento anual de 7.1%. Europa fue el destino preferido para los universitarios que estudian fuera de su país: 41% del total de estudiantes internacionales, mientras que América del Norte tiene el 21%. Sin embargo, las regiones que tienen un mayor crecimiento son América Latina y el Caribe, Oceanía y Asia, reflejo de la internacionalización de las universidades.

A pesar de los valores porcentuales expresados por la OCDE, respecto del caso argentino, en el período 2002-2014 la cantidad de estudiantes de nuestro país en el exterior prácticamente no se ha modificado, mientras que países como Ecuador o Bolivia han más que duplicado sus estudiantes internacionales e incluso superado numéricamente a Argentina. Esto se debe a que en los últimos años, los programas de becas se han expandido de manera muy significativa en toda la región[112], y para muchos estudiantes de doctorado latinoamericanos en el exterior la fuente principal de financiamiento proviene de sus propios países de origen.

Cuadro Nº 10. Comparación de estudiantes internacionales de la región, por país de origen

País de origen	2004	2009	2014	Variación Porcentual 2004-2014
Argentina	8485	9501	8084	**-4,73**
Bolivia	3497	9749	9096	**160,11**
Brasil	19619	26309	30729	56,63
Chile	5873	8034	8814	50,08
Colombia	16090	18042	23602	46,69
Ecuador	5128	8434	10926	**113,07**
Paraguay	1655	2243	2725	64,65
Perú	9715	14719	14844	52,79
Uruguay	1873	2504	2472	31,98
Venezuela	9569	12428	11720	22,48
Media de la región				**60%**

Fuente: Elaboración propia en base a datos de UNESCO

112 Ver LUCHILO, Lucas (comp.) (2010) *Formación de posgrado en América Latina. Políticas de apoyo, resultados e impactos*, Buenos Aires, EUDEBA-Observatorio CTS/OEI, 2010.

En el cuadro precedente los extremos opuestos son Bolivia y Ecuador por un lado, y Argentina por el otro. En el caso de Ecuador, podemos señalar que la Ley Orgánica de Educación Superior (Loes) sancionada en 2011 promueve que el 70% de los profesores universitarios en ese país deben presentar hasta 2017 su título PHD (Philosophy Doctor) con la finalidad de que los centros de estudios dejen de ser sólo formadores de profesionales y se conviertan en generadores de conocimiento (Art. 14)[113]. De no cumplirse esta condición, los profesores titulares principales perderían automáticamente esta condición, y la institución educativa se vería afectada. Muchos de estos centros de estudio incentivaron económicamente a sus mejores profesores para que cumplieran esta meta. Es por ello que la cantidad de estudiantes de doctorado ecuatorianos ha aumentado exponencialmente en la Argentina.

Asimismo, en Bolivia, el Estado a partir de la asunción de Evo Morales como presidente otorgó becas para realizar carreras de grado y postgrado en el exterior, fundamentalmente en Cuba, y lanzó en 2014 un Programa de "Soberanía Científica y Tecnológica" con el "objeto que profesionales e investigadores bolivianos y bolivianas tengan acceso a estudios de postgrado con carácter presencial en las mejores universidades del mundo"[114].

Como ya hemos mencionado resulta más difícil es cuantificar el origen y número de estudiantes internacionales en nuestro país, diferenciándolos de los meramente extranjeros[115]. Esta dificultad aparece explícitamente señalada en el Anuario 2010 del Ministerio de Educación de la Nación, donde se consigna que no se pueden

---

113 [http://www.granma.cu/granmad/2007/02/05/cubamundo/artic07.html] [http://eju.tv/2014/01/morales-y-becarios-bolivianos-en-cuba-analizan-especializacin-profesional/http://www.espol.edu.ec/sites/default/files/archivos_transparencia/Reglamento%20Ley%20de%20Educacion%20Superior.pdf]

114 [http://www.minedu.gob.bo/index.php/menu-vesfp/educacion-post-alfabetizacion-3/143-convocatorias/815-programa-100-becas-de-estudio-para-la-soberania-cientifica-y-tecnologica]

115 [https://www.oecd.org/edu/EAG%202012_e-book_EN_200912.pdf]

"presentar datos de dichos estudiantes debido a que la información brindada por las universidades no cubre la totalidad de los mismos. Dada la importancia que tiene para el sistema en su totalidad y la sociedad, conocer esa población estudiantil y sus países de procedencia, esperamos que podamos en un corto plazo brindar información desagregada[116], para lo cual se requiere un trabajo articulado de captación de la información por parte de las dependencias académicas y de relaciones internacionales de las universidades."[117]

La cuestión no resuelta respecto a cómo diferenciar entre "extranjero" e "internacional" aparece en la "Síntesis de Información Estadísticas Universitarias, 2015-2016, SPU" donde se menciona directamente a los estudiantes "extranjeros"[118].

Cuadro N° 11. Estudiantes Internacionales (o Internacionalmente Móviles) en Educación Terciaria por país anfitrión de origen (Argentina). Año 2004[119]

Estudiantes provenientes del extranjero en Argentina	MF	3261
	% F	-
	Tasa de estudiantes provenientes del extranjero	0,2
Estudiantes provenientes del extranjero por región de origen	Estados Árabes	-
	Europa Central y del Este	-
	Asia Central	-
	Asia del Este y del Pacífico	-
	América Latina y el Caribe	2682
	América del Norte y Europa del Este	-
	Asia del Sur y del Oeste	-
	África Sub-Sahariana	-
	No especificada	579

Fuente: UNESCO (2006)
Nota: En los siguientes compendios no hay información sobre Argentina

116 Entre estudiantes extranjeros pero residentes y estudiantes internacionales.

117 Anuario 2010 del Ministerio de Educación de la Nación.

118 [http://minisitios.educ.ar/data_storage/file/documents/sintesis-1-59304d983814f.pdf]

119 Según UNESCO datos provisorios de 2002. UNESCO (2006) Compendio Mundial de la Educación 2006 Comparación de las estadísticas de educación en el mundo, Instituto de Estadística de la UNESCO, Montreal, Quebec, 2006.

Cuadro N° 12. Cupos para Extranjeros en Universidades Nacionales

País o Región	Cupo
África del Norte y Cercano Oriente	**4**
Estado de Israel	4
América Central y el Caribe	**359**
República de Costa Rica	264
República de Cuba	1
República de Guatemala	37
República de Haití	1
República de Honduras	14
República de Jamaica	2
República de Nicaragua	3
República de Panamá	13
República de Trinidad y Tobago	1
República del Salvador	23
América del Norte	**29**
Canadá	2
Estados Unidos de América	6
Estados Unidos Mexicanos	21
América del Sur	**971**
República de Bolivia	42
República Federativa de Brasil	12
República de Chile	570
República de Colombia	107
República del Ecuador	123
República del Paraguay	56
República del Perú	19
República Bolivariana de Venezuela	42
Asia	**3**
República Popular China	2
República de la India	1
Europa Occidental	**34**
República Federal de Alemania	6
República de Austria	2
Reino de Bélgica	1
Reino de España	3
República Francesa	9
República Italiana	4
República de Portugal	3
Reino de Suecia	4
República de Turquía	2
TOTAL	**1400**

Fuente: SPU (2011)

Cuadro Nº 13. Cantidad de alumnos según cupo por universidad de gestión pública elegida. Argentina

Universidades	2011	2013
IUNA/UNA	154	79
Buenos Aires	834	428
Comahue	27	25
Córdoba	57	73
La Plata	310	272
Nordeste Provincia de Buenos Aires	7	11
La Rioja	-	73
Patagonia San Juan Bosco	1	-
Rosario	9	17
Luján	-	2
Salta	1	-
TOTAL	1400	S/D

Fuente: SPU (2011) (2013)

Las Universidades de gestión estatal argentinas tienen cupos para alumnos extranjeros sin residencia en el país (es decir, estudiantes "internacionales"), según Resolución 1523/90[120]: "El programa está destinado a extranjeros no residentes en el territorio argentino, que se encuentren ubicados físicamente en su país de origen", eximiendo al alumno extranjero de convalidar estudios de nivel medio al iniciar su carrera.

Cruzando la información brindada en las tablas precedentes que afirman que el mayor número de estudiantes internacionales corresponden a ciudadanos de países latinoamericanos, aunque no necesariamente de naciones vecinas (Ecuador, Colombia), la elección de Universidades locales se centra en aquellas de mayor prestigio y centralidad (UBA, UNLP, UNC), las que tienen orientaciones muy

[120] [http://enica.cancilleria.gov.ar/content/resoluci%C3%B3n-152390] [http://www.me.gov.ar/spu/legislacion/Resoluciones_por_No/Resolucion_No_1523_90/resolucion_no_1523_90.html]

definidas (IUNA)[121] o las que tienen atractivos potenciales de orden turístico (UNMdP)[122] y no con una ubicación geográfica cercana al lugar de origen. Podemos suponer que el mencionado cupo corresponde a carreras de grado, que en instituciones públicas es gratuita, ya que los estudios de grado de posgrado son arancelados.

Por otra parte, también Hermo y Pittelli (2008, 262) señalan también la dificultad para obtener datos fehacientes ya que:

> *"se da el caso de una mayor movilidad regional de estudiantes, particularmente a partir de la devaluación en Argentina, que ha vuelto atractiva la oferta universitaria en términos económicos. Es así que, a partir de 2003, se produjo un incremento significativo de estudiantes extranjeros en las universidades argentinas, en particular, en las privadas. Cabe señalar que las estadísticas disponibles no registran la nacionalidad de los nuevos inscriptos o de los estudiantes y que sólo se han podido consultar las series generales para el período 2001-2005, en las que se advierte un pronunciado descenso de la matrícula de nuevos inscriptos en el 2002, coincidiendo con la crisis, y una sostenida recuperación del 2003 en adelante, que puede estimarse que continuó para los años 2006 y 2007."*

Cuadro Nº 14. Cantidad de Estudiantes Internacionales[123] según nivel y tipo de gestión, 2006, Argentina

Instituciones Universitarias	Grado/ Pregrado	Postgrado	Otras actividades	Total
Gestión Estatal	10574	2455	826	**13855**
Gestión Privada	5833	1379	2670	**9882**
Total	**16407**	**3834**	**3496**	**23737**

Fuente: Elaboración propia en base a datos de UNESCO

121 Actualmente UNA: Universidad Nacional de las Artes.

122 [http://www.lacapitalmdp.com/un-centenar-de-extranjeros-eligen-la-ciudad-para-estudiar-medicina/]

123 Recordemos que este estudio no diferencia entre "extranjero" e "internacional".

De la confrontación entre los datos provistos por los dos documentos de la Secretaria de Políticas Universitarias: el informe de Bohoslavsky-Moler (2007) y el Anuario del 2011, se puede observar o bien la brusca reducción de los cupos a extranjeros en Universidades Nacionales que pasó en el 2006[124] de casi 14000 alumnos a la décima parte (1400) en el 2011, o bien, lo más factible, que muchos estudiantes logran de alguna manera eliminar las trabas que le implican los cupos, transformándose entonces de estudiantes "internacionales" a simplemente estudiantes "extranjeros", radicándose en el país[125].

También es cierto, como sostiene la embajada Argentina en Paraguay[126] que además del número de estudiantes comprendidos en el cupo que "La Disposición N° 20.699/06 de la Dirección Nacional de Migraciones permite a los estudiantes que sean ciudadanos de Estados miembros o asociados del MERCOSUR acceder a cualquier carrera en cualquier Universidad Nacional o privada, en las mismas condiciones que los estudiantes argentinos", lo cual libera a los aspirantes del Mercosur de las limitaciones del cupo.

La mayor concentración de estudiantes internacionales en la región metropolitana coincide con las reflexiones precedentes de un estudio[127] que se autocalifica como "exploratorio" realizado en

---

124 Los datos de la UBA, corresponden, de acuerdo al mencionado informe al año 2004.

125 Según Claudia Milena Hernández "Un aumento record en el volumen de la inmigración colombiana se registró en el año 2008, año en que iniciaron sus trámites para radicarse en el país 5.584 colombianos, cifra que representa el 204% de aumento con respecto al promedio anual de 2000 a 2008".
HERNÁNDEZ, Claudia Milena (2010) "Migración colombiana en La Argentina", presentación en el seminario "Recordando a Walter Benjamín", Buenos Aires, 25, 26 y 27 de octubre de 2010 en [http://www.derhuman.jus.gov.ar/conti/2010/10/mesa-04/hernandez_mesa_4.pdf]

126 [http://www.embajada-argentina.org.py/V2/2009/02/universidades-argentinas-benefician-a-1358-jovenes-extranjeros-con-cupos/]

127 Observatorio de Comercio Internacional de Buenos Aires (2013) "Estudiantes Internacionales: quiénes son, de dónde vienen, qué hacen y qué opinan. Un diagnóstico en base a 587 alumnos encuestados, Ciudad de Buenos Aires. Año 2013.

Cuadro Nº 15. Distribución de estudiantes internacionales distribuidos por regiones CPRES y tipos de gestión, Argentina. 2006

CPRES	Instituciones Universitarias		Total
	Gestión Estatal	Gestión Privada	
Bonaerense	2591	37	**2628**
Centro Este	1289	1148	**2437**
Centro Oeste	2141	777	**2918**
Metropolitana	7059	7773	**14832**
Noreste	328	21	**349**
Noroeste	187	126	**313**
Sur	260	0	**260**
TOTAL	**13855**	**9882**	**23737**

Fuente: Bohoslavsky-Moler, 2007. CRES: Consejos de Planificación Regional de la Educación Superior

el 2011 por el Observatorio de Comercio Internacional de Buenos Aires[128], que estima en 17000 los estudiantes internacionales que eligen a la Ciudad de Buenos Aires para formarse. Según esta investigación sólo 2 de cada 10 optan por las universidades de gestión pública.[129, 130]

---

128 Conformado por el CEDEM - Centro de Estudios para el Desarrollo Económico Metropolitano-, la Dirección General de Estadística y Censos del Ministerio de Hacienda, y la Dirección General de Comercio Exterior e Industrias Creativas del Ministerio de Desarrollo Económico, ambos pertenecientes al Gobierno de la Ciudad de Buenos Aires.

129 Las Universidades de Gestión Pública de la Ciudad de Buenos Aires son la UBA, la UTN regional Buenos Aires y el IUNA (ahora UNA); no obstante hay otras universidades nacionales como la UNSAM y la UNTREF que dictan posgrados en esta ciudad.

130 Ver también datos en: [https://www.estadisticaciudad.gob.ar/eyc/wp-content/uploads/2015/04/estudiantes_internacionales_2013_marzo.pdf]

También del mismo año hay un censo de 2012 realizado por la Universidad de Buenos Aires[131], referido exclusivamente a alumnos, donde no diferencia entre estudiantes "internacionales" y "extranjeros", señalando que 10646 alumnos de grado y 2164 posgrado de esta institución no poseen nacionalidad argentina. Lo cual entra en contradicción con los cupos establecidos para dicha Universidad, a no ser que dichos alumnos extranjeros apelen a la condición de ser ciudadanos del Mercosur o establezcan su radicación en Argentina...

Cinco años más tarde un artículo periodístico informa que *"La cantidad de alumnos extranjeros en la UBA aumentó 482% en los últimos 20 años. Eran 2200 en 1996 (1,2%), y ahora son 13.200 (4,4%). Sobre un total de 315.754 estudiantes de la UBA, 302 mil tienen nacionalidad argentina; el resto son, en su mayoría, sudamericanos."*[132] Lo cual implica un crecimiento de 24% en poco más de 5 años. En ese año (2016) la proporción correspondía en primer lugar a Perú que encabezaba el ranking de alumnos extranjeros con el 29%, seguido de Bolivia (14%), Paraguay (12%), Colombia (11%), Brasil (9%), Chile (6%), Uruguay (3%), Ecuador (2%) y Venezuela (2%), lo que totalizaba el 88% de los extranjeros, orden que coincide con el Censo Universitario de la Universidad de Buenos Aires de 2011. Sin embargo, la estadística no contempla si son extranjeros radicados hace años que estudian en Argentina, o estudiantes que se trasladan a nuestro país para ir a la Universidad.

Como podemos observar comparando el Cuadro 13 y el Cuadro 16, los datos de diferentes fuentes no coinciden, ya que como mencionamos hay alumnos extranjeros fuera y dentro del cupo asignado a cada país.

---

131 UNIVERSIDAD DE BUENOS AIRES (2012) "Censo de estudiantes 2011. Resultados finales", Coordinación General de Planificación Estratégica e Institucional, UBA.

132 *Clarín*, 17 de octubre de 2016. [https://www.clarin.com/sociedad/cantidad-estudiantes-extranjeros-uba-crecio_0_SyjnfJ7yg.html]

Cuadro N° 16. Distribución por nacionalidad de los estudiantes de grado de nacionalidad extranjera en la Universidad de Buenos Aires, 2011

Nacionalidad	Frecuencia	%
Perú	2693	**25,30**
Bolivia	1920	**18,00**
Paraguay	1198	**11,30**
Brasil	934	**8,80**
Chile	870	**8,20**
Colombia	637	**6,00**
Uruguay	508	**4,80**
Estados Unidos	258	**2,40**
España	175	**1,60**
Ecuador	167	**1,60**
Otros países europeos	140	**1,30**
Venezuela	135	**1,30**
Italia	134	**1,30**
Costa Rica	91	**0,90**
Alemania	75	**0,70**
México	73	**0,70**
TOTAL	**10646**	**100,00**

Fuente: Bohoslavsky-Moler, 2007. CRES: Consejos de Planificación Regional de la Educación Superior

En posgrado, en 2011, los estudiantes provenientes de Colombia lideran la preferencia, seguidos por Venezuela y Bolivia.

Luchilo (2017) sostiene que:

"Como en otros campos, tenemos una idea aproximada de algunas de las tendencias recientes de movilidad estudiantil, pero carecemos de la información estadística necesaria para describir adecuadamente el proceso. Más allá de los esfuerzos de la Secretaría de Políticas Universitarias, una parte importante de las universidades

Cuadro Nº 17. Distribución por nacionalidad de los estudiantes de posgrado de nacionalidad extranjera, Universidad de Buenos Aires, 2011

Nacionalidad	Frecuencia	%
Colombia	1034	**47,8**
Venezuela	161	7,4
Bolivia	143	**6,6**
Ecuador	135	**6,2**
Brasil	121	**5,6**
Chile	121	**5,6**
Uruguay	87	**4**
México	80	**3,7**
Perú	68	**3,1**
Paraguay	28	**1,3**
Estados Unidos	28	**1,3**
TOTAL	**2165**	**100**

Fuente: Bohoslavsky-Moler, 2007. CRES: Consejos de Planificación Regional de la Educación Superior

argentinas no reporta los datos sobre estudiantes internacionales con la cobertura y calidad necesarias. Por lo tanto, tenemos fragmentos de información que no permiten identificar los principales rasgos de la situación con la precisión aconsejable. Esto quiere decir, por ejemplo, que de los casi 13.000 estudiantes extranjeros que reporta la UBA en el censo de estudiantes de 2011 –el último[133] *dato disponible–, no podemos trazar una línea clara entre migrantes de la generación 1.5. y estudiantes internacionales…"*

Diferentes medios, tanto locales como foráneos[134], destacan el interés que genera la Argentina en estudiantes internacionales para

133 Grado y postgrado.

134 [http://www.lanacion.com.ar/1471448-ya-son-mas-de-25000-los-estudiantes-extranjeros-en-la-argentina]

emprender estudios tanto de grado como de postgrado. Se especula entonces que los estudiantes, mayoritariamente latinoamericanos, son atraídos en muchos casos por el nivel académico, el mismo idioma y la gratuidad de la educación pública, así como por las características culturales de las grandes ciudades argentinas[135].

También es de destacar que algunas universidades privadas, que según el estudio exploratorio de la Ciudad de Buenos Aires concentran el 80% de la matrícula, tienen una política especial[136] para captar estudiantes extranjeros. Son de la misma idea tanto Lucas Luchilo (2013) como Hermo y Pittelli (2008, 263) quienes afirman que *"el incremento de la matrícula en universidades privadas ha sido mayor al de las estatales, que no tienen las mismas facilidades para la inscripción de extranjeros ni están preocupadas por captar más 'clientes' al ser gratuitas. Estos hechos suponen un cambio en el comportamiento histórico de la población estudiantil extranjera, que era mayoritariamente de países limítrofes y algunos pocos peruanos y colombianos, especialmente en carreras de medicina y, básicamente, en las universidades públicas que tenían prestigio y eran gratuitas"*. Ejemplo de ello son las guías que ofrecen la Universidad de Palermo[137], la UADE[138], la Nacional de Córdoba[139] y la Universidad de Buenos Aires[140] para estudiantes internacionales fundamentalmente a partir de programas presenciales de cursada intensiva.

[http://www.lanacion.com.ar/1302449-cada-vez-mas-extranjeros-eligen-el-sistema-universitario-argentino]

[http://www.bbc.co.uk/mundo/noticias/2013/05/130524_argentina_estudiantes_extranjeros_vs]

135 [https://www.estadisticaciudad.gob.ar/eyc/wp-content/uploads/2015/04/estudiantes_internacionales_2013_marzo.pdf]

136 [http://www.clarin.com/sociedad/anos-aumento-cantidad-estudiantes-extranjeros_0_914308640.html]

137 [http://www.palermo.edu/estudiantes_internacionales/pdf/Guia-Internacionales-2015.pdf]

138 [http://www.uade.edu.ar/estudiantes-internacionales]

139 [http://www.unc.edu.ar/internacionales/estudiantesinternacionales/degrado]

140 [http://www.uba.ar/internacionales/contenidos.php?id=37]

En 2012 el decano de la Facultad de Ciencias Económicas de la Universidad de Palermo Gabriel Foglia reconocía que el 30% de los estudiantes de esa institución eran extranjeros, entre 3500 y 4000 alumnos. Para Foglia, siempre hubo una clara intención de internacionalizarse por parte de esa institución. "*La universidad tiene estrategias de comunicación en distintos países, se organizan charlas y se hacen campañas publicitarias, pero nuestro principal motor es el boca a boca de los alumnos que recomiendan su experiencia.*"[141] Sin embargo tampoco queda claro si son estudiantes extranjeros o internacionales.

En la misma carrera de la Universidad de Buenos Aires, el Centro de Estudiantes ha debido crear un programa de Tutores para estudiantes extranjeros para acompañar a los alumnos de intercambio[142]. En el caso de la carrera de Medicina de la Universidad de Buenos Aires, la situación es más particular, ya que se conjugan varios fenómenos. Por un lado, el prestigio y gratuidad de la UBA, frente al arancel diferenciado que muchas universidades privadas exigen para la carrera de medicina.

En otro orden de cosas, la situación de países como Brasil que ha introducido en 1998 el Examen Nacional de Enseñanza Media (ENEM), que a partir de 2009 se ha adoptado como criterio de selección universitaria, al que se le puede o no agregar un examen Vestibular (de ingreso) que depende de cada universidad. Estas evaluaciones otorgan plazas a los mejores resultados hasta que se alcanza el número máximo de alumnos por titulación según un cupo establecido. En términos generales se afirma que existen diez candidatos por cada plaza ofrecida. Los nueve restantes, o bien optan por una universidad privada, o bien consideran trasladarse a otro país, como Argentina, donde no existe examen de ingreso. Similar

---

141 *La Nación*, 8 de mayo de 2012. [http://www.lanacion.com.ar/1471448-ya-son-mas-de-25000-los-estudiantes-extranjeros-en-la-argentina]

142 [http://www.cece.org/programa-de-tutores-para-estudiantes-extranjeros/]

situación es la de Ecuador donde se debe rendir un Examen de Ingreso o Prueba de Aptitud Académica (Examen Nacional para la Educación Superior ENES) que evalúa las diversas habilidades que el aspirante posee para llevar a cabo estudios superiores: De acuerdo al puntaje obtenido, se habilita al aspirante a cursar determinada carrera. (En el caso de medicina se exige el puntaje más alto). Esto hace que el atractivo de la carrera de Medicina de la UBA sea mayor.

Un artículo publicado en el diario Clarín en 2017 da cuenta de este hecho. Para el director del CBC de la Universidad de Buenos Aires "El aumento de extranjeros se viene notando en los últimos dos años, pero sobre todo en éste..."[143]. Es por ello que la Universidad de Buenos Aires ha implementado una "Guía para estudiantes extranjeros einternacionales"[144], cursos de español para extranjeros, un Taller de Historia Argentina[145], hasta un Facebook de ayuda para "nuevos residentes"[146].

Ante alguna afirmación cargada de cierta xenofobia y una mirada mundial reticente ante las nuevas corrientes inmigratorias Lucas Luchilo (2017) sostiene que:

> *"La llegada de estudiantes internacionales guarda estrecha relación con las definiciones básicas de política migratoria de un país. No está de más recordar que el artículo 20 de nuestra Constitución comienza afirmando que «los extranjeros gozan en el territorio de la Nación de todos los derechos civiles del ciudadano». Sin duda, los constituyentes de 1853 fueron generosos con la inmigración. Pero no fue una generosidad desinteresada: pensaban que los brazos y cerebros que el país requería iban a venir desde el exterior. Y, en buena medida, así fue. Y así es con los miles de estudiantes*

---

143 [https://www.clarin.com/sociedad/afirman-record-extranjeros-cbc-ola-brasilena-medicina_0_rJD5W7b_b.html]

144 [http://www.uba.ar/internacionales/contenidos.php?id=31]

145 [http://www.extensioncbc.com.ar/historia-extranjeros2c17/]

146 [https://www.facebook.com/SEUBE-Nuevos-Residentes-915557105157617/]

internacionales que vienen a la Argentina. Algunos se quedarán en el país y contribuirán a la riqueza nacional, otros volverán a sus países y mantendrán vínculos profesionales, productivos o culturales con la Argentina, y otros conservarán algunos amigos y recuerdos de su educación universitaria en nuestro país."

Aprender de los demás

Vale detenernos en la significación de la movilidad estudiantil: Los estudios en el exterior, fundamentalmente los postgrados en Ciencia y Tecnología, tienen un importante papel en el acercamiento a la frontera tecnológica y, por consiguiente, en el crecimiento económico de un país.

Richard Nelson (1998), uno de los representantes actuales de la teoría del nuevo desarrollo, señala que el rol más eficaz del Estado "parece ser el apoyo para la capacitación de científicos e ingenieros aplicados, para impartirles las habilidades y la información necesarias para trabajar para la industria. El apoyo de dichos programas de capacitación en universidades generalmente va acompañado, según sea el caso, por fondos de investigación para docentes, y para estudiantes que obtienen un porcentaje importante de su educación a través de la experiencia práctica en el área de la investigación"[147], destacando la dimensión institucional y las prácticas tecnológicas en empresas.

En el mismo sentido la corriente económica denominada Economía Evolucionista, continuadora de las ideas schumpeterianas (Mokyr, 1993), propone que el eje principal del crecimiento en las economías modernas industrializadas lo constituye la innovación

[147] NELSON, Richard (1998) "El Ambiente Cambiante para 'Aprender de los Demás'", trabajo presentado en la Reunión sobre Difusión, Asimilación y Uso de la Tecnología en las Empresas, Banco Interamericano de Desarrollo, 9 y 10 de febrero de 1998, Washington D.C.

tecnológica en cuya generación desempeña un papel fundamental la investigación científica y tecnológica.

Es por ello que el rol que las universidades han desempeñado es crucial, puesto que la experiencia de estudiantes en el sistema de Educación Superior de un país ubicado cerca de la frontera tecnológica, constituye no sólo el primer paso para que adquieran los conocimientos que una formación académica puede ofrecerles, sino además incorporan otra series de saberes relacionados con la vida profesional que se lleva a cabo en un mundo desarrollado. Esta es la condición que muchas veces transforma al estudiante internacional en un migrante permanente. Y también esta es una situación que favorece al país de acogida pues, sin grandes inversiones, adquiere un profesional que posee las habilidades académicas, sociales y culturales suficientes para contar con una inserción exitosa en ese país.

Tal como destaca en 2016 la Organización Internacional para las *Migraciones "existen mayores oportunidades y facilidades para los estudiantes internacionales de áreas relacionadas con las ciencias exactas, las ingenierías y la investigación científica, en especial en Estados Unidos, en donde se les asigna presupuestos más elevados dentro las universidades en comparación a otras áreas de estudios, lo que les permite realizar en mayor medida proyectos de investigación en donde los estudiantes extranjeros colaboran con profesores y compañeros nativos, incrementando así su capital cultural y social, que luego utilizarán si optan por quedarse en el país de residencia"*, utilizando para ello estrategias cada vez más agresivas para captar "los mejores y más brillantes" provenientes de países no desarrollados.

De manera que, muchas veces las becas y subsidios para atraer a estudiantes internacionales enmascaran simples tácticas de reclutamiento.

De acuerdo con el cuadro 18, Argentina en 1999 era, en número de profesionales e investigadores, el país sudamericano que más recursos humanos capacitados en ciencia y tecnología le aportaba a los Estados Unidos.

Cuadro N° 18. Recursos humanos en Ciencia y Tecnología en Estados Unidos por país sudamericano (1999)

País de nacimiento	Activos en I & D
Argentina	4377
Bolivia	953
Brasil	1845
Chile	1485
Colombia	4688
Ecuador	1994
Paraguay	263
Perú	2796
Uruguay	157
Venezuela	2688

Fuente: Fanelli, 2009, 125

Por otra parte, tampoco tenemos que dejar de mencionar experiencias truncas como la del ESLAI (Escuela Superior Latinoamericana de Informática), fundada en 1986 por el Dr. Manuel Sadosky, que pretendía ser una experiencia única de coproducción y cooperación en un área estratégica para formar conjuntamente a estudiantes latinoamericanos expertos en computación e informática, por fuera de las empresas multinacionales del rubro y con una vocación de soberanía conjunta. María Fernanda Arias (2009) señala que el ESLAI "fue una de las pocas experiencias, en Argentina y en América del Sur, en las que un centro de estudios universitarios dictara cursos de excelencia en un tema estratégico como son las ciencias informáticas. Calificamos este emprendimiento como excelente, pues los alumnos eran becados, tenían una dedicación exclusiva, un laboratorio muy equipado y sus profesores provenían de los mejores centros educativos de informática en Europa y Latinoamérica. Lamentablemente, esta iniciativa tuvo corta vida. A diferencia del Instituto Balseiro, otro centro de alta calidad en el país, el cambio de gobierno, la crisis socioeconómica y el recelo ideológico de las nuevas autoridades produjeron el eventual cierre del proyecto"[148]. El gobierno del Dr. Menem disolvió el proyecto en 1991.

Asimismo, es claro también que en los países desarrollados las formas de vinculación entre las Universidades y el sistema productivo *"han asumido diversas modalidades, como asesorías, transferencia de tecnología, cooperación en investigaciones, apoyos organizacionales, formación de recursos humanos especializados, etc."* (Chavero González y otros, 1997, 11)[149]. Agregando estos autores que "La tecnología entraña un aprendizaje caracterizado por un conocimiento tácito e idiosincrático, así como su acumulación en el tiempo". Puesto que su obtención proviene de diversas fuentes que lo difunden "como proveedores, servicios de reparación, redes de conocimiento especiales y vínculos entre sectores y empresas".

Conclusiones

La posibilidad de consolidar comunidades de investigadores necesarias para las sociedades del conocimiento, se ve disminuida cuando el número de egresados de posgrado es escaso y cuando la formación de los mismos no alcanza los estándares de calidad indispensables, pues dichos egresados constituyen el capital humano calificado para contribuir al mejoramiento del país y responder a las necesidades presentes y futuras de un entorno cambiante.

---

148 ARIAS, María Fernanda (2009) "Política Informática y Educación: el caso de la Escuela Superior Latinoamericana de Informática (ESLAI)" *CONfines de Relaciones Internacionales y Ciencia Política*, vol. 5, N° 9, enero-mayo, 2009, pág. 49- 66 Instituto Tecnológico y de Estudios Superiores de Monterrey Monterrey, México

149 CHAVERO GONZALEZ, Adrián-CHAVEZ HOYOS, Marina–RODRIGUEZ SALA, María Luisa (1997) *Vinculación Universidad-Estado-Producción. El caso de los postgrados en México*, Siglo XXI Editores, México.

Cuadro Nº 19.
Crecimiento de las patentes (de residentes y no residentes) en América Latina

Año	Argentina	Bolivia	Brasil	Chile	Colombia	Ecuador	Paraguay	Perú	Uruguay	Venezuela
1999	1204	-	3330	209	71	15	-	50	29	-
2000	1397	-	3782	254	79	11	11	42	48	65
2001	1044	-	3948	252	71	7	12	36	81	-
2002	942	-	4031	403	55	17	13	29	42	-
2003	1108	-	4451	407	130	27	14	49	74	-
2004	1043	-	4814	473	121	24	21	46	82	-
2005	1277	-	4920	449	134	18	24	33	58	-
2006	1304	-	4969	432	188	20	23	42	47	-
2007	1248	-	5393	616	203	14	37	33	64	-
2008	1112	-	5521	768	202	26	18	37	79	-
2009	-	-	5420	505	258	19	19	48	68	-
2010	-	-	5735	547	241	15	41	84	76	-
2011	-	-	6359	678	403	-	-	77	65	90
2012	1079	-	6603	784	348	-	-	71	52	-
2013	922	-	6846	805	382	-	-	97		-

Fuente: Elaboración propia en base de WIPO – World Intellectual Property Indicators[150]

Si bien es cierto que nuestro país tiene una oferta variada de especializaciones, maestrías y doctorados, hay ciertas áreas de estudio deficitarias o que en otros países han alcanzado un mayor conocimiento, fundamentalmente en ciencias duras o en alta tecnología. Es en este punto donde la movilidad de estudiantes

[150] Organización Mundial de la Propiedad Intelectual, organismo dependiente de las Naciones Unidas.

Cuadro N° 20. Patentes en Argentina: Residentes y no residentes[151]

Año	Residente	Ranking	No residente	Ranking	Total
1970	1982	-	5096	-	7078
1980	1269	-	3063	-	4332
1990	955	-	1955	-	2910
2000	1062	29	5574	-	6636
2001	691	34	5088	21	5779
2002	718	34	4143	24	4861
2003	792	36	3765	24	4557
2004	786	35	3816	23	4602
2005	1054	32	4215	23	5269
2006	1020	34	4597	21	5617
2007	937	34	4806	22	5743
2008	801	37	4781	19	5582
2009	640	43	4336	21	4336
2010	552	45	4165	21	4717
2011	688	41	4133	21	4133
2012	735	39	4078	21	4813
2013	643	43	4129	22	4772
2014	509	46	4173	22	4682
2015	546	47	3579	22	4125

Fuente: Elaboración propia en base al Banco Mundial[152] y WIPO — World Intellectual Property Indicators[153]

---

151 Las solicitudes presentadas por no residentes son aquellas que han sido presentadas en una oficina de un Estado –o una oficina que opera en nombre de un Estado– en que no reside el solicitante mencionado en primer lugar en la solicitud en cuestión.

152 [https://datos.bancomundial.org/indicador/IP.PAT.RESD?view=map&year=1990]
[https://datos.bancomundial.org/indicador/IP.PAT.NRES?view=map&year=2000]

153 [http://www.wipo.int/ipstats/en/statistics/country_profile/profile.jsp?code=AR]

puede implicar un cambio significativo, siempre y cuando, estos estudiantes no terminen siendo parte de la ya consabida "fuga de cerebros". Cuestión que aparece cuando no existe una relación contractual entre el país de origen y los estudiantes de postgrado, y cuándo son éstos los que consiguen las becas en el exterior o se autofinancian su traslado y estadía.

Sabemos además que los rankings internacionales de Universidades, se realizan midiendo entre otras cosas: La proporción de académicos con doctorado, el impacto cuantificable de una casa de estudio en Internet (es decir la mayor presencia en línea), los *papers* producidos por los académicos, las citas por publicación, la reputación académica, las patentes presentadas, etc. Es por ello que muchas instituciones educativas buscan reforzar sus vínculos de cooperación, fomentar la investigación y mejorar la formación de su cuerpo docente.

Es ajeno a este trabajo hablar de la imposibilidad de retención del talento humano, lo cierto es que la producción científico-tecnológica se evalúa entre otros factores, por el número de patentes que una sociedad produce, y éstas se relacionan con el nivel de I+D.

Esta información aparece en los documentos del Ministerio de Ciencia, Tecnología e Innovación Productiva[154] donde también se reconoce los constantes altibajos que sufriera entre 1993 y 2013 la solicitud de patentes registradas.

Según el Banco Mundial las patentes en 2015 fueron de residentes 546 y de no residentes 3579.

El desafío de las instituciones de Educación Superior en América Latina reside, por un lado, en construir estrategias que fomenten la cooperación internacional y consolidar redes y consorcios de universidades regionales, para compartir experiencias educativas exitosas que permitan enfrentar las demandas cada vez más complejas del mundo contemporáneo, evitando los peligros que la

[154] Ministerio de Ciencia, Tecnología e Innovación Productiva (2013) Indicadores de ciencia y tecnología. Argentina.

Gráfico 2. Solicitudes de patentes en el país según lugar de residencia

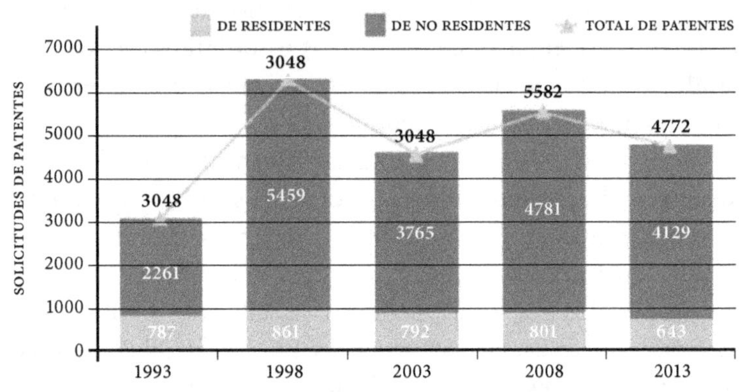

Fuente: Ministerio de Ciencia, Tecnología e Innovación Productiva

Gráfico 3. Solicitudes de patentes en el país según residencia

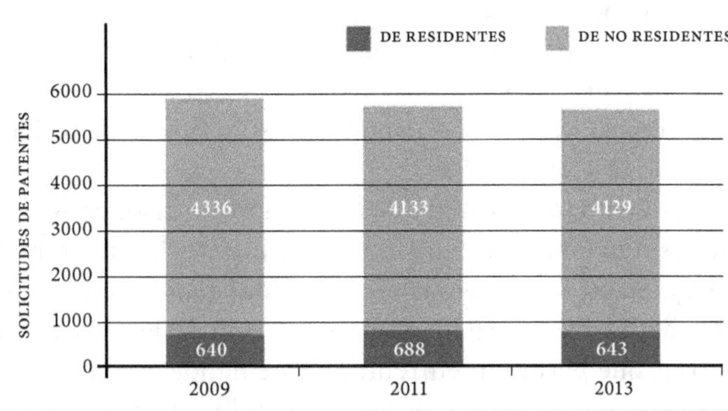

Fuente: Ministerio de Ciencia, Tecnología e Innovación Productiva. Según el Banco Mundial las patentes en 2015 fueron de residentes 546 y de no residentes 3579

educación superior transnacional puede desencadenar en nuestros países. Podría en este sentido, reimpulsarse la agenda educativa del Mercosur.

Para implementar, asimismo, políticas que permitan enfrentar el avance de la oferta educativa transnacional es además necesario contar con datos fehacientes, una legislación adecuada y herramientas de control que eviten titulaciones engañosas o fraudulentas. Esto también va necesitar de la construcción de indicadores comunes a toda la región a los efectos de medir procesos, políticas y resultados.

Por último, también deberán diseñarse acciones tendientes a fomentar el intercambio de docentes y estudiantes dentro de un sistema educativo regional y garantizar becas de perfeccionamiento que incentive a los mejores capacitados a establecerse luego en su país de origen. De tal manera que no resulte, como sucede muchas veces, que el gasto del dinero público de los países emergentes se oriente a formar a estudiantes de posgrado en el extranjero, cuyo usufructo lo terminan obteniendo los países centrales. Será interesante promover proyectos similares a la malograda Escuela Superior Latinoamericana de informática, tendientes a construir una soberanía intelectual regional. Este es el desafío.

Bibliografía

ALTBACH, Philip - KNIGHT, Jane (2006) "Visión panorámica de la internacionalización en la educación superior: motivaciones y realidades" en *Perfiles educativos* N° 112, Vol. 28, México, enero de 2006.

BIZZOZERO, Lincoln (2003) "La educación superior en las negociaciones de comercio internacional. Opciones planteadas al espacio regional del MERCOSUR", Departamento de Economía, Facultad de Ciencias Sociales, Universidad de la República.

BOHOSLAVSKY, Pablo-MOLER, Emilce (2007) "Informe Estadístico de Estudiantes Internacionales". Ministerio de Educación.

Secretaría de Políticas Universitarias. Programa de Promoción de la Universidad Argentina.

BRUNNER, José Joaquín. - FERRARA HURTADO, Rocío (2011) *Educación Superior en Iberoamérica. Informe 2011.* Centro Interuniversitario de Desarrollo (CINDA) Santiago.

CHAVERO GONZALEZ, Adrián-CHAVEZ HOYOS, Marina-RODRIGUEZ SALA, María Luisa (1997) *Vinculación Universidad-Estado-Producción. El caso de los postgrados en México*, Siglo XXI Editores, México.

DE ALLENDE, Carlos María - MORONES DÍAZ, Guillermo (2006) "Glosario de términos vinculados con la cooperación académica", *ANUIES* México, junio de 2006.

DE WIT, H.; JARAMILLO I.; GACEL-ÁVILA, J.; KNIGHT, J. (editores) (2005) *Educación Superior en América Latina. La dimensión internacional.* BM/Mayol Ediciones. Bogotá.

DIDOU AUPETIT, Sylvie (2002) "Transnacionalización de la educación superior y aseguramiento de la calidad en México", DIE, Centro de Investigaciones y Estudios Avanzados del IPN en Revista de la Educación Superior en Línea N°124.

—. (2014) *Internacionalización de la Educación Superior y la Ciencia en América Latina y el Caribe: Un Estado del Arte*, UNESCO-IESALC, Caracas, Venezuela.

— y GERARD, Etienne (eds.) (2009) *Fuga de cerebros, movilidad académica, redes científicas: Perspectivas latinoamericanas.* IESALC-CINVESTAV-IRD. México.

FERNANDEZ LAMARRA, Norberto (2012) "La Educación Superior en América Latina. Aportes para la construcción de una nueva agenda en *Revista Debate Universitario* Vol. 1 N° 1, noviembre de 2012. CAEE, Universidad Abierta Interamericana, Buenos Aires.

—; ALBORNOZ, Mario. (2014)."La Internacionalización de la Educación Superior y la Ciencia en Argentina" en DIDOU AUPETIT, Sylvie (coord.) (2014) *Internacionalización de la Educación Superior y la Ciencia en América Latina y el Caribe: Un Estado del Arte*, UNESCO-IESALC, Caracas, Venezuela.

FLORES, Patricia Bárbara (2009) "Movilidad internacional de graduados universitarios argentinos. Características e impactos" en XXVII Congreso de la Asociación Latinoamericana de Sociología. VIII Jornadas de Sociología de la Universidad de Buenos Aires. Asociación Latinoamericana de Sociología, Buenos Aires, 2009.

—. (2010) "Principales evidencias de la movilidad internacional de graduados universitarios argentinos" en *Revista iberoamericana de Ciencia, Tecnología y Sociedad* Vol. 5 N° 14, Ciudad Autónoma de Buenos Aires. En./ab. 2010.

GACEL-ÁVILA, Jocelyne (2003) *Transnacionalización e Internacionalización de la Educación Superior. Tendencias, Amenazas y Limitaciones. Congreso Retos y expectativas.* Universidad de Guadalajara. México.

GARCIA DE FANELLI, Ana María (1999) *La educación transnacional: la experiencia extranjera y lecciones para el diseño de una política de regulación en Argentina*, CONEAU, Buenos Aires.

—. (2009) "La movilidad académica y estudiantil: reflexiones sobre el caso argentino" en DIDOU, Sylvie y GERARD, Etienne (eds.) (2009) *Fuga de cerebros, movilidad académica, redes científicas: Perspectivas latinoamericanas.* IESALC-CINVESTAV-IRD. México

—. (2011) "La educación Superior en la Argentina en BRUNNER, José Joaquín. - FERRARA HURTADO, Rocío (2011) *Educación Superior en Iberoamérica. Informe 2011.* Centro Interuniversitario de Desarrollo (CINDA) Santiago.

GARCIA GUADILLA, Carmen (edit.) (2004) *El difícil equilibrio: La Educación Superior entre bien público y comercio de servicios. Implicaciones del AGCS (GATS)*, Universidad de Castilla-La Mancha.

GASCÓN MURO, Patricia; CEPEDA DOVALA, José Luis (2004) "De la mercantilización a la transnacionalización de la educación superior" en *Reencuentro* N° 40, Encrucijadas de la educación superior ante el nuevo siglo, México, Universidad Autónoma Metropolitana-Xochimilco, agosto del 2004.

HERMO, J. - C. PITELLI. (2008) "Globalización e internacionalización de la educación Superior. Apuntes para el estudio de la situación en Argentina y el MERCOSUR" en *Revista Española de Educación Comparada*, vol. 14, España, pág. 243-368.

HERNÁNDEZ, Claudia Milena (2010) "Migración colombiana en La Argentina", presentación en el seminario "Recordando a Walter Benjamín", Buenos Aires, 25, 26 y 27 de octubre de 2010.

IRIARTE, Alicia – FERRAZZINO, Ana (2015) "Transnacionalización de la Educación Superior. Un nuevo paradigma" en *Alas 2015 Universidad latinoamericana: Interpelaciones y Desafíos*, Costa Rica.

IRIARTE, Alicia (2008) "Los jóvenes universitarios: entre el declive del largo plazo y la dimensión del por-venir" en IRIARTE, Alicia (2008) *Cambios epocales y transformaciones en el sistema de educación superior. La universidad argentina y los nuevos desafíos*, Editorial Teseo, Buenos Aires.

KNIGHT, Jane (2010) "Internacionalización de la Educación Superior: Nuevos desarrollos y Consecuencias No Intencionadas" en *Boletín IESALC* Nº 211, octubre de 2010.

LIPOVETSKY, Gilles (2003) *La era del vacío: Ensayos sobre el individualismo contemporáneo*, Anagrama, Barcelona.

—. (2004) *El imperio de lo efímero: La moda y su destino en las sociedades modernas*, Anagrama, Barcelona.

LÓPEZ SEGRERA, Francisco (2011) *Tendencias de la educación superior en América Latina y el Caribe: Un estudio comparado.* Universidad de Guadalajara, México

LORCA, Javier (2002) "La educación como mercancía" en *Página 12*, octubre de 2002. [https://www.pagina12.com.ar/diario/universidad/10-11170-2002-10-08.html]

LUCHILO, Lucas (2006) "Movilidad de estudiantes universitarios e internacionalización de la educación superior" en *Revista iberoamericana de Ciencia, Tecnología y Sociedad* Vol. 3 Nº 7, Ciudad Autónoma de Buenos Aires sept. 2006.

—. (comp.) (2010) *Formación de posgrado en América Latina. Políticas de apoyo, resultados e impactos*, EUDEBA, Buenos Aires.

—. (2013) "Estudiantes en movimiento: perspectivas globales y tendencias latinoamericanas" en PELLEGRINO, Andrea (2013) *La migración calificada desde América Latina Tendencias y consecuencias*, Programa de Población Unidad Multidisciplinaria, Facultad de Ciencias Sociales Universidad de la República, Uruguay.

—. (2015) "La medición de la movilidad internacional de estudiantes de educación superior" en *Documentos de Base para construir un sistema de indicadores de Educación Superior*, OCTS-OEI [http://www.octs-oei.org/indicadores-educacion/documentos/13-proyecto-de-indicadores-de-educacion-superior]

—. (2017) "Estudiantes internacionales: ¿costo o beneficio?"

MARQUIS, Carlos (2002) *Nuevos proveedores de Educación Superior en Argentina y Brasil*, IES, Buenos Aires.

MINISTERIO DE CIENCIA, TECNOLOGÍA E INNOVACIÓN PRODUCTIVA (2013) *Indicadores de ciencia y tecnología*. Argentina

MOKYR, Joel (1993) *La palanca de la riqueza. Creatividad tecnológica y progreso económico*, Alianza Editorial, Madrid.

MONZÓN Marcelo A. (2014) "Internacionalización de la Educación Superior. Análisis y Acción: Apuntes para el desarrollo de un modelo conceptual" en *RUNCoB* (2014) *Desde el sur: miradas sobre la internacionalización*, Ediciones de la UNLa - Universidad Nacional de Lanús, Remedios de Escalada.

MUNDET, Eduardo (1999) El régimen jurídico de la oferta de educación superior transnacional, en *Revista La Universidad*, Año 6, Nº18, Ministerio Educación, SPU, Argentina, Noviembre 1999.

NELSON, Richard (1998) "El Ambiente Cambiante para «Aprender de los Demás»", trabajo presentado en la Reunión sobre Difusión, Asimilación y Uso de la Tecnología en las Empresas, Banco Interamericano de Desarrollo, 9 y 10 de febrero de 1998, Washington D.C.

OECD (2012), *Education at a Glance 2012: OECD Indicators*, OECD Publishing.

—. (2013) *Education Indicators in Focus*, julio de 2013.

PELLEGRINO, Andrea (2013) *La migración calificada desde América Latina Tendencias y consecuencias*, Programa de Población Unidad Multidisciplinaria, Facultad de Ciencias Sociales Universidad de la República, Uruguay.

RAMA, Claudio (2005) "La política de educación superior en América Latina y el Caribe" en *Revista de la Educación Superior* Volumen XXXIV (2), Nº 134, Pág. 47-62. Asociación Nacional de Universidades e Instituciones de Educación Superior. Distrito Federal, México. En: [http://www.redalyc.org/articulo.oa?id=60411920005]

—. (2006) "La tercera reforma de la educación superior en América Latina y el Caribe: masificación, regulaciones e internacionalización" en *Informe sobre la educación superior en América Latina y el Caribe. La metamorfosis de la educación superior*, Caracas, Iesalc, Unesco, 2006.

RODRÍGUEZ GÓMEZ, Roberto (2003) "Entre lo público y lo privado. La polémica de las universidades 'patito'" en BERTUSSI, Guadalupe Teresinha (editora), *Anuario Educativo Mexicano. Visión retrospectiva*, México, Miguel Ángel Porrúa y UPN, 2004, pág. 431-467.

SPU (2001) *Anuario de Estadísticas Universitarias 2011*, Ministerio de Educación de la Nación.

—. (23011) *Anuario 2010* del Ministerio de Educación de la Nación.

THEILER, J. C. (2005) "Internacionalización de la Educación Superior en Argentina", en DE WIT, H.; JARAMILLO I.; GACEL-ÁVILA, J.; KNIGHT, J. (editores) (2005) *Educación Superior en América Latina. La dimensión internacional.* BM/Mayol Ediciones, Bogotá.

UNESCO (2006) *Compendio Mundial de la Educación 2006 Comparación de las estadísticas de educación en el mundo*, Instituto de Estadística de la UNESCO, Montreal, Quebec, 2006.

—. (2006) *Compendio Mundial de la Educación 2006 Comparación de las estadísticas de educación en el mundo*, Instituto de Estadística de la UNESCO, Montreal, Quebec, 2006.

—. (2008) *Compendio Mundial de la Educación 2008 Comparación de las estadísticas de educación en el mundo*, Instituto de Estadística de la UNESCO, Montreal, Quebec, 2008.

—. (2010) *Compendio Mundial de la Educación 2010 Comparación de las estadísticas de educación en el mundo*, Instituto de Estadística de la UNESCO, Montreal, Quebec, 2010.

—. (2011) *Compendio Mundial de la Educación 2011 Comparación de las estadísticas de educación en el mundo*, Instituto de Estadística de la UNESCO, Montreal, Quebec, 2011.

—. (2014) *Higher Education in Asia: Expanding Out, Expanding Up* - The Rise of Graduate Education and University Research.

UNIVERSIDAD DE BUENOS AIRES (2012) "Censo de estudiantes 2011. Resultados finales", *Coordinación General de Planificación Estratégica e Institucional*, UBA.

ZARUR MIRANDA, Xiomara y otros (2008) "Integración regional e internacionalización de la educación superior en América Latina y el Caribe" en GAZZOLA, Ana Lucía - DIDRIKSSON, Axel (Ed.) (2008) *Tendencias de la Educación Superior en América Latina y el Caribe*, IESALC-UNESCO, Caracas.

ZELAYA Marisa (2003) "Las universidades privadas miradas por los ingresantes". Ponencia presentada en el Congreso Latinoamericano de Educación Superior en el Siglo XXI, 18, 19 y 20 de septiembre de 2003, San Luis.

La Educación transnacional: la participación de programas de educación a distancia en Argentina y América Latina. Cooperación y vínculos entre naciones

Juan Eduardo Roldán

Introducción

La República Argentina viene implementando y desarrollando acciones de cooperación dentro del contexto de internacionalización de la educación universitaria, desde finales de la década de los 90, coincidente con la aplicación en la región de las políticas neoliberales con un fuerte proceso de mercantilización de la educación superior y respaldado desde el Estado con el objetivo de alcanzar el liderazgo regional en materia educativa muy en boga en aquella época.

No debemos olvidar que el nacimiento a principios de los 90 del MERCOSUR no sólo tenía como lema la integración económica, sino también cultural y educativa. En la actualidad los distintos programas educativos argentinos tienen como objetivo el mejoramiento de las experiencias entre docentes y alumnos en un marco de cooperación y vínculos que apuntan a groso modo a la excelencia académica y la transnacionalización aporta trasferencia del conocimiento científico pilares fundamentales donde se cimienta el desarrollo, avalado por la Conferencia Regional de Educación Superior de América Latina y el Caribe (CRES).

En consonancia con las tendencias asociadas a distintas estrategias que se corresponden con los procesos de internalización y transnacionalización de los sistemas universitarios, el objetivo del presente trabajo consiste en indagar la situación de Argentina, en el marco de la proliferación de programas de educación a distancia. Se pondrá énfasis en las políticas impulsadas desde el estado en materia de internacionalización, como así también la experiencia Argentina y los desafíos a futuro que la misma implica en materia de educación transnacional. Entendiendo a la internacionalización como la conformación de grandes emporios comerciales que controlarán el mercado mundial de la educación y la transnacionalización del sistema universitario, ya que el segundo de estos términos puede dar cuenta de "promesas y realizaciones comerciales de la educación"[155].

Políticas y acciones impulsadas desde el Estado

En el contexto de la internacionalización de la educación, puede señalarse que la Argentina presenta un sistema educativo discontinuado entre el Terciario Universitario y el Terciario no universitario. El primero es regulado por el Estado Nacional bajo los criterios de la autonomía universitaria; el segundo, y no integrado a la universidad, es regulado por las provincias, para lo cual los objetivos de los programas de cooperación internacional apuntan a (...). Maximizar el aprovechamiento de las oportunidades que el mundo de la cooperación educativa y académica ofrecen en el ámbito nacional, regional e internacional (...) y sus objetivos específicos. (...) Impulsar la

[155] VER GASCÓN MURO, Patricia; CEPEDA DOVALA, José Luis (2004) "De la mercantilización a la transnacionalización de la educación superior" en *Reencuentro N°40, Encrucijadas de la educación superior ante el nuevo siglo*, México, Universidad Autónoma Metropolitana-Xochimilco, Agosto del 2004, págs. 31-40.

inserción de las instituciones de educación superior argentinas en los procesos de internacionalización, integración y desarrollo local y regional. Como así también (...) Funcionar como área de vinculación al interior de la SPU, aprovechando las posibilidades que brinda la cooperación internacional para el apoyo y desarrollo de las políticas universitarias (...)[156].

Para tal fin, el programa profundiza las acciones que se desarrollan dentro del ámbito nacional, bilateral y multilateral, canalizando las demandas del Sistema Universitario Argentino en materia de internacionalización de la Educación Superior y la Cooperación internacional. Articula dichas acciones con el Consejo Interuniversitario Nacional (CIN) a través de la REDCIUN (Red de Cooperación Internacional de Universidades Nacionales). Esta área tiene como finalidad gestionar el sistema de cupos universitarios para alumnos extranjeros, siguiendo las normas establecidas por la resolución ministerial 1523/90. Esta información es almacenada en una base de datos y difundidas antes las distintas representaciones diplomáticas del mundo. En lo que respecta a la cooperación bilateral, la estrategia se centraliza en la cooperación con los países del MERCOSUR y América latina en general. Se intenta profundizar lazos con los países más desarrollados para potenciar el desarrollo del sistema universitario argentino. Un ejemplo es el Programa de Centros Asociados de posgrado entre Brasil y Argentina, destinado al intercambio de posgrado de calidad entre instituciones de enseñanza de ambos países, coordinadas por la Fundação Coordenação de Aperfeiçoamento de Pessoal de Nível Superior (CAPES), y por el lado argentino la Secretaria de Políticas Universitarias (SPU). En materia de cooperación multilateral el eje central se encuentra en la UNASUR y en el MERCOSUR. Como hemos mencionado anteriormente, el estado es el garante de un nuevo modelo de educación superior orientado al mercado, y en transición en gran parte del mundo (Forest&Altabcw, 2006).

[156] Portales.educación.gov.ar/.../programa de cooperación internacional.

Algunas experiencias argentinas en materia de transnacionalización de la educación superior en la región y el mundo

La Argentina viene cumpliendo con los objetivos propuestos por la CRES de aunar criterios comunes que vinculen a los distintos países latinoamericanos en relación a sus problemáticas y dificultades en pos de lograr el desarrollo tan postergado. Por tal motivo se puede advertir, que en la actualidad hay una visión de bloque estratégico en el sector educativo del MERCOSUR, con particularidades que no escapan a las problemáticas propias de cada país. Esto se complementa abiertamente con la primacía otorgada por dicho organismo a la acreditación académica en las carreras de grado (sistema ARCU-SUR) convalidado por los sistemas universitarios de la región.

Como puede observarse en el cuadro Nº1, las carreras de grado de las llamadas tronco tradicional como Agronomía, Arquitectura, Ingeniería y Medicina son las más demandadas y concurridas en la región con movilidad ascendente, es decir siguen siendo las carreras más demandadas en el mercado educativo. Estas se encuentran acreditadas actualmente por la mayoría de los países que conforman el MERCOSUR. A partir del período 2011-2015 se tomó la decisión de institucionalizar la temática del posgrado, a fin de acortar las asimetrías e incrementar la formación de recursos humanos en este nivel.

El Programa de Proyectos Conjuntos del MERCOSUR tiene como objetivo principal, estimular el intercambio de docentes e investigadores de los estados miembros. Los destinatarios son universidades de Argentina, Venezuela, Bolivia, Brasil, Uruguay, Paraguay que cuenten con doctorados abalados por organismos correspondientes, siguiendo la normativa vigente de cada país[157].

El financiamiento en Argentina es otorgado por el ministerio de Educación de la Nación con un total de 75.000 pesos por año de acuerdo a cada proyecto.

Las modalidades financiadas:

---

[157] [www.uba.ar/internacionales/contenidos]

- Misiones de Estudios: *ME*. Modalidades de estudio.
- Misiones de Trabajo: *MT*. Movilidades de corta duración para los docentes investigadores participantes del equipo de investigación.

ME: Destinatarios: Docentes Concursados. Estudiantes: regulares de doctorado.
Becas de Movilidad entre 1 y 12 meses, en las modalidades de doctorado sándwich y posdoctorado. Conceptos financiables: pasajes, seguro de salud, y estipendios mensuales. No se financiaran movilidades entre doctorados de Argentina. Estipendio Mensual de las Misiones de Estudios: será de hasta siete mil pesos ($7000). Adicionalmente se cubrirán los gastos de seguro de salud y un pasaje ida y vuelta por misión. La compra de los pasajes deberá ajustarse a lo dispuesto en el Decreto 1191/12.

MT: Destinatarios: Docentes concursados. Los viáticos diarios de las Misiones de Trabajo y de coordinación alcanzaban a los ochocientos cincuenta pesos ($850). Adicionalmente se cubrirán gastos de salud y un pasaje ida y vuelta por misión. La compra de los pasajes deberá ajustarse a lo dispuesto en el decreto1191/12"[158].

La movilidad de estudiantes y docentes argentinos se ha incrementado. Esto responde a lo anteriormente mencionado, los objetivos propuestos no sólo a nivel estatal sino también regional que incrementan los vínculos y cooperación entre regiones. En la actualidad existen convenios con aquellos países que comparten la acreditación de grado correspondiente, según carreras y cursos entre ellos podemos mencionar Chile, Colombia, Ecuador Uruguay entre otros. La movilidad en este aspecto también responde a la ecuación de intercambio de experiencia y conocimiento científico en el marco de transnacionalización de la educación superior.

---

[158] [www.ub.ar]

Cuadro Nº 1. Carreras más requeridas y acreditadas en universidades nacionales –y sus respectivas facultades-en Argentina y parte de América Latina

País	Agronomia	Arquitectura	Enfermería	Veterinaria	Ingeniería	Medicina	Odontología	Total acreditado	Total estimado
Argentina	8	9	4	5 (3 en proceso)	1 (8 en proceso)	4	2	27	54
Bolivia	5	8	8	8	33	20	6		76
Brasil	20	20	20	20	40	20	20		160
Chile	4	1	4	2	4	5	5		25
Colombia					2 (2 en proceso)	4	4	2	12
Paraguay	1	2	2	1	5 (1 en proceso)	3	2	8	21
Uruguay	1	2	1	1	5 (1 en proceso)	1	1	11	14
Venezuela	8	8	5	3	10			8	34
Total carreras acreditadas	18	13	7	7	11			56	
Total estimado	47	50	44	43	127	45	40		396

Fuente: Acta de la primera Reunión de la red de agencias nacionales de acreditación. 2011

En el ámbito del Mercosur el programa ARTIFIC se evidencia un intercambio recíproco entre estudiantes y docentes, lo que motivó doble titulaciones, investigaciones conjuntas. En tanto, los programas de movilidad de docentes a Paris y Madrid refortalecieron los vínculos internacionales priorizando la presencia de instituciones argentinas en la Cité Universitaire de Paris (Casa Argentina en París) y en el campus de la universidad Complutense de Madrid (Colegio Mayor Argentino "Nuestra Señora de Luján). El Centro Universitario Argentino-Alemán, alianza público-privada internacional entre

Cuadro Nº 2. Movilidad de estudiantes y docentes argentinos 2003-2010. Posgrados de corta y larga duración

Programa	Año	Movilidad estudiantil	Movilidad docente
Programa CAPG-BA	2003	22	31
	2004	14	59
	2005	10	17
	2006	42	58
	2007	73	111
	2008	66	78
	2009	91	113
	2010	54	57
Programa CAPF-BA	2008	26	25
	2009	26	57
	2010	39	29
Programa Colegio Doctoral	2008	4	
	2009	6	
Programa ARFITEC	2008-2010	71	45
Programa de movilidad docente Paris	2009		26
	2010		9
Programa de movilidad docente Madrid	2010		28
Programa MARCA	2006	20	
	2008	61	
	2009	47	
	2010	89	
Programa de corta duración: docentes de grado del Mercosur	2006		7
	2008		
Programa Pablo Neruda	2009-2010	9	8
TOTAL	**2003-2010**	770	775

Fuente: PIESCI-SPU. 2010

el Ministerio de Educación, el Ministerio de Ciencia y Tecnología e Innovación Productiva, de Argentina, el Ministerio de Educación e Investigación Alemana y las universidades de ambos países. En este contexto, se financiaron carreras de grado y posgrado para lograr graduados pluriculturales en un mundo alcanzado por la globalización.

Por último, cabe resaltar que la cooperación en materia educativa es más importante en el área de posgrado, observándose según el cuadro, en la movilidad de estudiantes y docentes lo cual ha generado la conformación de posgrado binacionales y canales que facilitan la movilidad de estudiantes y docentes, como así también el reconocimiento de certificados y títulos. Esto se puede observar en los programas de co-tutela entre universidades francesas y de América Latina.

En la declaración sobre la Conferencia Mundial de Educación celebrada en Paris en el año 2009 (CEMES) de la UNESCO se marca como objetivo principal, la transferencia de conocimiento en pos del desarrollo y en un ámbito de paz perpetua entre naciones. Asimismo, alcanzar la calidad como eje central por la cual, los jefes de estados coincidieron en la creación del espacio Iberoamericano del conocimiento. La innovación tecnológica pensada como motor del desarrollo y espacio de articulación entre instituciones educativas y gobiernos. Por otra parte, y siguiendo estos lineamientos, en el año 2010 se aprobó el Centro de Altos Estudios Universitarios (CAEU) de la OIE, para lograr la modernización de la educación y brindar un fuerte impulso a la formación e investigación interinstitucionales (Elías y Morresi, 2014)[159].

El Consejo Interuniversitario Nacional de la Argentina (CIN) ha firmado un acuerdo con México, sobre la base de colaboración académica. La firma de un acuerdo específico de cooperación de

[159] ELIAS S y MORRESI, S. (2014) *La cooperación e internacionalización de la educación superior. Relato de una experiencia. Memorias provisionales del congreso Iberoamericano de ciencia y tecnología e Innovación y educación*. Buenos Aires. OEI. Disponible en Web.

estudiantes de grado entre cinco universidades argentinas (Universidad Nacional del Litoral, Universidad Nacional de Córdoba, Universidad Nacional de Cuyo, Universidad Nacional de Tucumán) y cinco universidades mexicanas (Universidad de Colima, Benemérita Universidad de Puebla, Universidad de Guanajuato, Universidad Autónoma de Tamaulipas y Universidad Autónoma del Estado de Hidalgo) durante el período 2007-2008. El programa se amplió a 18 universidades, alcanzando un total de 30 instituciones en 2009. En la actualidad el programa está integrado por un total de 48 universidades, 24 universidades mexicanas y 24 universidades argentinas[160].

Algunos ejemplos de Convenios y Acuerdos. Programas de co-tutela

En las mismas instituciones coexisten al mismo tiempo programas de co-tutela, que son aquellos donde existe una dirección conjunta entre un director de tesis pertenecientes a la universidad Argentina y otro a la universidad extranjera, cuyo desarrollo implica un convenio firmado entre las máximas autoridades de ambas instituciones. Este mecanismo es válido para doctorados y las instituciones se comprometen a reconocer la tesis defendida y a expedir el título de doctor.

El acuerdo para la cotutela solo podrá establecerse con una única universidad extranjera mediante la firma de un convenio. Un ejemplo es el caso de Perú con la universidad de Cádiz.

> "Cualquier estudiante de doctorado de la Universidad de Cádiz podrá solicitar *autorización para la realización de su tesis doctoral en cotutela, debiendo tener en cuenta que, entre la firma del*

[160] MORRESI, Silvia (2015) *La internacionalización y la Cooperación en la Educación Superior: el caso de la Universidad Nacional del Sur.* ISSN, 2314 - 1530, Debate universitario. 6 de mayo 2015.

correspondiente convenio y el depósito de la tesis, no podrá mediar un plazo menor de dos años.

El acceso y la admisión a los estudios de doctorado, así como el procedimiento de depósito y defensa de la tesis doctoral para los alumnos en cotutela *serán los mismos que se establecen para todos los estudiantes de doctorado de la Universidad de Cádiz. La inclusión de la tesis en el régimen de cotutela no eximirá en ningún caso del cumplimiento de los requisitos que marque la normativa vigente para la admisión del doctorando al programa de doctorado y para el desarrollo de la tesis.*

Los doctorandos en cotutela se inscribirán en cada una de las dos Universidades *responsables de la misma, debiendo abonar las tasas académicas correspondientes en la Universidad en la que se llevará a cabo la defensa de la tesis (que será única), y quedando exonerados del pago en la otra Universidad.*

Los doctorandos en cotutela desarrollarán su tesis bajo la supervisión de un único director de tesis en cada de las Universidades implicadas.

El tribunal de tesis *será designado de común acuerdo por las dos Universidades, y su composición no contravendrá lo dispuesto por las legislaciones vigentes en ambos países. En caso de conflicto, se atenderá a las normas en vigor en la Universidad en la que se llevará a cabo el acto de defensa de la tesis.*

Si las lenguas oficiales de las dos Universidades participantes en la cotutela son diferentes, la tesis se redactará en una de esas dos lenguas y se completará con un resumen en el otro idioma, que deberá contener, al menos, los siguientes apartados:

- *Propósito y delimitación de la investigación*
- *Procedimientos*

- *Criterios que justifican el estudio y fundamentación teórica*
- *Metodología de investigación empleada*
- *Referencia a los resultados*
- *Conclusiones más significativas*"[161]

Cuadro Nº 3. Programas de Cotutela en alianzas entre universidades francesas y de América Latina

Argentina	Universidad de Buenos Aires -UBA- (Facultad de Ciencias Sociales) con Escuela de Altos Estudios en Ciencias Sociales, París, Francia UBA -Universidad de Marne La Vallée, Francia. UBA (Facultad de Filosofía y Letras) y Universidad de París XIII UBA (Facultad de Ciencias Económicas) con Universidad Pierre Medes France,Grenoble II en Desarrollo Local.
Brasil	Universidad Federal Do Para y Universidad de Nanterre
Chile	Universidad Católica de Chile con Universidad René Descartes, Doctorado en Universidad de Playa Ancha, Universidad Nacional de Córdoba (Argentina) y Universidad de Aix-Marseille con Orleáns, Magíster en enseñanza de las ciencias.
Costa Rica	Universidad de Costa Rica y Universidad Paul Sabatier-Toulouse y París XI, Master en modelización y estadística Universidad Autónoma de Morelos - Universidad París V, Doctorado en Educación Universidad Nacional Autónoma de León (Nicaragua) y
Nicaragua y El Salvador	Universidad de El Salvador con Escuela Nacional Superior de Química de París, Master de química aplicada al análisis y control de calidad
Perú	Universidad Garcilaso de la Vega/universidades francesas (no precisadas), en conjunto con la universidad de Cádiz

Fuente: Páginas Web del Ministerio de Educación de Francia

161 [auip.org/images/stories/posgrado/portal.do?]

En el cuadro precedente, se puede observar un fuerte predominio de vinculación entre las universidades francesas y latinoamericanas.

En el caso específico de la UBA:

"Los convenios de Cotutela de Tesis entre la Universidad de Buenos Aires y los establecimientos universitarios franceses se llevan a cabo en el marco de lo acordado por la Comisión General Argentino-Francesa, 1997 (Acta de la Subcomisión Cultural, Científica y Técnica).

a. Cada cotutela de tesis se regula por medio de un convenio específico entre las universidades interesadas. Este convenio surge a partir del interés del doctorando, quien es quien lo impulsa.
b. Los doctorandos realizan una parte de su trabajo de investigación en el establecimiento francés y otra parte en la UBA.
c. La tesis se desarrolla bajo la dirección conjunta de un director francés y un director argentino.
d. En virtud del acuerdo de cotutela cada institución reconoce la validez de la tesis a partir de una presentación única en una de las dos instituciones y se compromete a expedir el título de doctor.

Procedimiento de convenios de cotutela

a. Admisión al régimen de cotutela del estudiante en la facultad. El estudiante de doctorado solicita en su Unidad Académica su admisión al régimen de cotutela.

Para ello la Facultad formará un expediente que contará, al menos, con la siguiente documentación:

- Resolución del Consejo Directivo de la Facultad que acredite la inscripción al doctorado (si ya fue admitido en el doctorado).
- Constancia de inscripción en la Universidad francesa.
- Convenio de cotutela en español y francés.
- Cartas de aceptación de los directores.

- Proyecto de investigación de la tesis.
- Cronograma de actividades académicas en la Argentina y en el exterior.
- Currículum vitae del doctorando y de los directores de tesis.
- Fotocopias del diploma de grado del doctorando.

La Facultad incorporará al expediente de doctorado la documentación presentada y elevará el trámite al Consejo Directivo para su aprobación.

Finalmente, el Consejo Directivo de la Facultad admite al doctorando en el régimen de cotutela mediante una resolución CD.

b. Procedimiento para la firma del convenio de cotutela.

1) Incorporada esa resolución del CD de la Facultad, el expediente es enviado desde la Facultad a la Secretaria de Posgrado, que lo remite a la SRRII sin intervenir
2) El expediente llega a la SRRII a fin de que se haga el informe correspondiente:
   Este debe indicar si existe o no convenio vigente entre las universidades y aclarar que la cotutela no implica erogaciones para la universidad.
3) Pasa de la SRRII a Secretaria de Posgrado
4) Secretaria de Posgrado emite un dictamen chequeando que todos los requisitos académicos y formales estén cumplimentados y correctamente presentados.
5) La Secretaria de Posgrado confecciona una resolución rector ad referéndum.
6) El Consejo Superior ratifica la resolución del rector.
7) Con la aprobación Consejo Superior vuelve a la SRRII, donde se confeccionan los originales para proceder a la recolección de las firmas necesarias, En algunos casos, en el expediente ya obran los dos originales, en español y francés, del convenio.
8) En ese momento la SRRII contacta al doctorando para coordinar

la firma de su director de tesis. Puede ser que el director se acerque a firmar el original a la SRRII o el doctorando se lo lleva, bajo recibo, para hacérselo firmar y luego devolverlo.

9) Cuando ya están firmados los ejemplares por el Director de tesis, y por el doctorando, se gestiona la firma del rector.
Luego de la firma del rector:

a. Si ya estaba firmado por Francia, una vez que firma el Rector pasa a Consejo Superior para su desglose y luego a la facultad para su archivo
b. Si no estaba firmado por Francia: La SRRII debe enviarlo a la contraparte para la firma. El doctorando es responsable de brindar una dirección postal fehaciente. Cuando los originales regresan firmados, los originales se remiten a Consejo Superior para su desglose y luego a la facultad para su archivo.
Con los ejemplares firmados en español y francés por todas las partes, pasa a Consejo Superior para su desglose y luego a la facultad para su archivo"[162].

En la actualidad, el Ministerio de Asuntos Exteriores de la República Francesa, junto al Ministerio de Deportes de La Nación auspician desde al año 2015, las becas Saint Exupéry dirigida a docentes de universidades públicas de la Argentina, para realizar un posgrado en Francia:

"Se trata de una beca de movilidad, la cual ofrece la posibilidad completar una estancia de investigación en el ámbito de doctorados, con y sin co-tutela, en universidades francesas durante un período de entre dos y tres meses.
En cuanto a los requisitos de postulación se requiere:
- *Ser ciudadano argentino y estar residiendo en el país al momento de solicitar la beca.*
- *Ser graduado universitario de carreras de no menos de cuatro años*

[162] [www.UBA./CFA/contenidos]

de duración con título de licenciado (o equivalente) de una universidad de gestión estatal.
• Tener promedio académico destacado en la carrera de grado y posgrado (mínimo de 7/10 puntos, incluyendo aplazos).
• Ser estudiante de doctorado de una universidad argentina de gestión estatal. Para los casos de co-tutela, los postulantes deberán haber cumplimentado las exigencias académicas de su primer año de doctorado.
• Desempeñarse como docente y/o investigador de una universidad argentina de gestión estatal.
• Ser patrocinado por el Rector o Presidente de la universidad donde se desempeña (institución patrocinadora).
• Firmar un compromiso de regresar al país al finalizar su beca y de reincorporarse a sus actividades específicas en la universidad donde se desempeña.

Finalmente, respecto a los beneficios, los becarios recibirán un estipendio mensual equivalente a 650 Euros, para cubrir gastos administrativos, acceso a alojamiento y manutención, y otro equivalente a 564 Euros. Asimismo, obtendrán un monto de 800 Euros para abonar los gastos de transporte"[163].

Desafíos y proyecciones futuras en materia de internalización transnacionalización de la educación

Se estima que para el año 2025 la demanda de educación internacional aumentará a 7.2 millones de estudiantes, superando al 1.2 millones del año 2000. Sólo este porcentaje corresponde a estudiantes, pero también se incrementará la demanda de nuevos proveedores, tales como compañías comerciales y entes no guber-

---

163 [noticias.universia.com.ar/.../becas-saint-exupery-estudiar-posgrado-francia]

namentales. Esto podría ocasionar serios problemas a la calidad de la oferta académica.

El aumento del número de fábricas de títulos extranjeros, ventas de programas falsos es una realidad en constante ascenso, que debe poner en alerta a la comunidad académica, estudiantes y profesionales aspirantes a una jerarquización profesional. Sin embargo, esto no quita el enorme esfuerzo realizado por instituciones reconocidas, que ofrecen capacitaciones de alta calidad y títulos legítimos a través de nuevos tipos de acuerdos y alianzas con otras instituciones. El mayor desafío es equilibrar el costo y el acceso que pone en duda y en riesgo los beneficios de la educación transnacional.

Esta problemática fue puesta en debate a partir del avance de los clasificadores internacionales (*ranking*), que al mismo tiempo impulsaron una feroz competencia entre las universidades, con el fin de obtener prestigio mundial, sin importar la calidad, imposible de hace veinte años donde la norma era la cooperación en materia de proyectos e intercambios científicos.

Reflexiones finales

En los últimos 15 años, la Argentina viene profundizando el proceso de Internacionalización de la Educación Superior (IES) y con ellas las oportunidades de cooperación con otras regiones del mundo. Esto no hubiese sido posible sin el apoyo brindado desde el programa de la Educación Superior y Cooperación Internacional (PIESCI) de la Secretaria de Políticas Universitarias (SPU) del Ministerio de Educación Nacional.

El rol central que el estado ha otorgado a la Internacionalización de la Educación Superior es contribuir con el desarrollo tan ansiado por los países latinoamericanos en materia de conocimiento científico y tecnológico, a través de la movilidad de docentes y estudiantes de grado y posgrado en una acción conjunta sobre la base de acciones recíprocas con los países socios. La calidad es unos de los elementos de este proceso,es ante todo, una cuestión de voluntad y trabajo continuado, un compromiso con la mejora permanente de los de los procesos tanto personales como sociales, cuyos resultados serán una consecuencia lógica en la mejora de los procesos educativos a nivel superior. Fundamentalmente entre 2010y 2014 se firmaron innumerables acuerdos de reconocimientos de títulos, aumentó el número de proyectos y en este lapso se movilizaron 288 docentes y 418 estudiantes.

Este esquema presenta nuevos desafíos para el futuro inmediato, como lo son el incremento de flujos de docentes y alumnos para alcanzar la democratización de la internalización de la educación universitaria. La región enfrenta un desafío que se vincula con el crecimiento a tasas altas y sostenidas, en paralelo a regímenes políticos democráticos, para combatir la desigualdad social. La era actual es la era del conocimiento digital, la innovación tecnológica y la cooperación entre naciones en materia educativa, éstos debieran ser considerados en los sistemas educativos de educación superior de modo de imprimir en ellos la orientación adecuada en las universidades de América Latina.

En tal sentido, habrá que estar muy atentos frente al crecimiento de grandes emporios comerciales que controlarán cada vez más el mercado mundial de la educación superior (y en Latinoamérica) y con ello, la transnacionalización del sistema universitario, pudiéndose afectar la calidad de los contenidos y la validez y el sistema de acreditación de los títulos.

Bibliografía

ALVAREZ, Sebastián (2008) "El enfoque *Internationalization at Home* como estrategia central de gestión organizacional del proceso de Internacionalización de las Instituciones de Educación Superior. Factores críticos para su diseño e implementación en el entorno Argentino", Tesis de licenciatura en Administración. FCE-UNICEN.

AMAYA DE OCHOA, G. (2003). "Hacia una cultura abierta y flexible de la educación superior. La adopción de los créditos Académicos".

BERDAHL, Robert O. y MILLET, John D. 1994 (1991) "Autonomía y Responsabilidad en la educación superior en los Estados Unidos" en NEAVE, Guy y VUGHT, Frans A. (comps.), *Prometeo encadenado.*

CÁFFARO, Cora 2005 "El auge de las carreras online" en *Clarín* (Buenos Aires), 21 de marzo.

CRAVINO, A.; ROLDÁN, J. (2012), *El proceso de privatización de la enseñanza universitaria.* [www.17jornadas-he.com.ar]. XVII Jornadas Argentinas de Historia de la Educación. Tucumán.

CONFERENCIA MUNDIAL DE EDUCACIÓN SUPERIOR (2009). *Comunicado. UNESCO*, París. [http://www.me.gov.ar/spu/documentos/Declaracion_conferencia_Mundial_de_Educacion_Superior_2009.pdf]

GASCÓN MURO, Patricia; CEPEDA DOVALA, José Luis (2004) "De la mercantilización a la transnacionalización de la educación superior" en *Reencuentro* N°40, *Encrucijadas de la educación superior ante el nuevo siglo*, México, Universidad Autónoma Metropolitana-Xochimilco, Agosto del 2004, Págs. 31-40

INFORME SOBRE LA EDUCACIÓN SUPERIOR EN AMÉRICA LATINA Y EL CARIBE 2000-2005. (2006). *La metamorfosis de la educación superior.* Caracas: UNESCO IESALC.

IRIARTE Alicia (Comp.). (2015). *Cuestiones del sistema universitario en Latinoamérica. Transformaciones, desafíos, transnacionalización*. Buenos Aires: Diseño Editorial.

ELIAS, S y MORRESI, S. (2014) *La cooperación e internacionalización de la Educación Superior: relato de una experiencia. Memorias provisionales del congreso Iberoamericano de Ciencia*, Tecnología e Innovación y Educación. Buenos Aires. OEI.

RODRÍGUEZ GÓMEZ, Roberto (2003) "La educación superior en el mercado. Configuraciones emergentes y nuevos proveedores" en MOLLIS, Marcela (comp.) *Las Universidades en América Latina: ¿reformadas o alteradas? La cosmética del poder financiero* (Buenos Aires. CLACSO).

SANTÁNGELO, Horacio (2000) "Modelos pedagógicos en los sistemas de enseñanza no presencial basados en nuevas tecnologías y redes de comunicación" en *Revista Iberoamericana de Ciencia, tecnología, sociedad e innovación*, N°24.

MERCOSUR. *Plan Estratégico del Sector educativo 2001-2005.*

MERCOSUR. *Plan Estratégico del Sector educativo 2009-2010.*

MERCOSUR. *Plan Estratégico del Sector educativo 2011-2015.*

UNESCO. *Declaración de la Conferencia Mundial de la Educación Superior.* Paris 2009.

PORTAL DEL MINISTERIO DE EDUCACIÓN DE FRANCIA.

[www.uba.ar/internacionales/contenidos]

MORRESI, Silvia. (2015). La internacionalización y cooperación en la educación superior: el caso de la Universidad Nacional del Sur. ISSN (en línea) 2314-1530. Debate universitario. Mayo.

Portales.educación.gov.ar/.../programa de cooperación internacional.

PARTE II

Cuestiones de la Universidad Latinoamericana. Crisis, transformaciones, estudiantes

Crisis, mutaciones valorativas y jóvenes universitarios. Los estudios universitarios: la incertidumbre como única certeza y cómo elaborar un por-venir cambiante[1]

Alicia Iriarte

Individualidad e incertidumbre

En las últimas décadas se han producido cambios de considerable magnitud: sociales, económicos, tecnológicos, culturales. Estas transformaciones epocales impactaron de tal forma que se ha generado un nuevo modelo donde el individuo pasa a ser central y definido por su propia performance, menos vinculado a la suerte de actores colectivos, orientado al cálculo costo-beneficio y a una lógica "ganadores y perdedores". Se asiste al fin de la cultura del compromiso, del sacrificio, del futuro, en tanto se destaca una sociabilidad "light", una mayor valoración del presente y de la autorrealización. Con un marcado proceso de individualización.

1 Versión corregida y aumentada de trabajo que fuera publicado "Los jóvenes universitarios, entre el declive del largo plazo y la dimensión del por-venir", en Iriarte Alicia, *Cambios epocales y transformaciones en el sistema de educación superior: La universidad argentina y los nuevos desafíos*, Teseo, 2008.

En esta época, llamada por Zygmunt Bauman, de la "modernidad líquida" (Bauman, 2002), se está produciendo una lenta desintegración de la ciudadanía, puesta en aprietos por un creciente proceso de individualización. *Así, víctimas de los procesos individualizadores, los individuos están siendo progresiva y sistemáticamente despojados de la armadura protectora de su ciudadanía"*... Hoy el interés general no es más que una junta de egoísmos.

En la "vida *líquida*", según Bauman, la sociedad se basa en el *individualismo* y sus componentes son algo *temporal e inestable* que carece de aspectos sólidos. Todo lo que tenemos es *cambiante y con fecha de caducidad*, en comparación con las estructuras fijas del pasado.

Gilles Lipovesky sintetiza parte de estas transformaciones cuando afirma que se ha pasado de un paradigma social a otro con preeminencia de lo individual sobre lo universal, lo psicológico sobre lo ideológico, lo permisivo sobre lo coercitivo y lo narcisista sobre lo heroico: *"nuestra cultura está descentralizada, es posible vivir sin ideales, sin metas que vayan más allá de una cotidianeidad desprovista de grandezas: es la era del vacío"* (Lipotevsky, 1988).

Nos interesa destacar que, uno de los principios que ha sufrido mutaciones de enormes consecuencias, tal como lo expresa el sociólogo Richard Sennett, es aquel que consagraba el puesto de trabajo como un factor fundamental en la formación del carácter y la identidad de las personas (Sennett, 2000). Si bien se ha sostenido que en la sociedad occidental "somos lo que hacemos", el escenario laboral del capitalismo moderno -lo que hacemos- propicia un economía más dinámica pero que, al mismo tiempo desbanca valores, como la integridad y el compromiso y lo sustituye por otros nuevos que van conformando el individuo de nuestro tiempo. Sennett analiza las consecuencias personales provocadas por los grandes cambios laborales que se han operado.

Advierte cómo esas transformaciones, muchas de las cuales se expresan en la "flexibilización laboral", provocaron consecuencias en la subjetividad de los trabajadores, impactando en los viejos valores aceptados socialmente y en las relaciones entre las personas. La veloz extensión del trabajo flexible, el ataque a los males de la rutina y los horarios rígidos, la organización empresarial en red como oposición a la vieja pirámide burocrática, el nuevo lugar de la autoridad en el mundo laboral, el trabajo en grupo, figuran entre los más importantes cambios que se han operado. Estos cambios han generado en los individuos incertidumbre, pérdida de confianza en uno mismo y en los demás, y una sensación de "estar a la deriva" y de vivir en riesgo permanente. Estamos viviendo en una condición de incertidumbre continua, permanente. Según Bauman, la incertidumbre es la única certeza que tenemos.

Los cambios en el mundo laboral, cambios, flexibilidad y volatilidad y su impacto el "futuro"

El mundo laboral actual es inestable, los empleos son sin perspectivas de futuro, se debe rendir a corto plazo. Ante el "fin del largo plazo" varias son las preguntas que surgen en relación a cómo afecta esta realidad a los individuos. Podríamos reflexionar acerca de cómo este contexto histórico y socio cultural cambiante impacta en los sujetos, en sus proyectos, en su compromiso, en el proceso de constitución de su subjetividad. Particularmente, nos interesa reflexionar sobre la temática que vincula la amenaza de este tiempo fragmentado, o los cambios en el estatuto del tiempo, con la estrategia humana en los sujetos adolescentes, y, en especial, en aquellos que emprenden sus estudios universitarios.

En tanto creemos que el momento de los estudios universitarios, la elección de una carrera universitaria, su iniciación, estarían vinculadas con objetivos a largo plazo, con su por-venir; pero inserto en un mundo que ha perdido las certezas y donde el largo plazo se ha devaluado.

Entre otras cuestiones, ¿Cuál sería la formación esperada para un oficio o profesión que requerirá permanente actualización?

¿Cómo elaboran los jóvenes su trayectoria con un futuro cambiante? ¿Cuánto influye una racionalidad de cálculo, por ejemplo, cuando se trata de elegir cómo estructurar su futura profesión y elegir una carrera?

Las variaciones en el estatuto del tiempo, la inestabilidad, el corto plazo, y el cambio permanente, la incertidumbre hacen que sea difícil pensar *cómo imaginar el futuro sin largo plazo.*

El escenario actual se encuentra atravesado por la inestabilidad. Según lo planteado por Richard Sennett, al trabajador del capitalismo flexible no se le exige paciencia sino, por el contrario, cambio permanente (Sennett, ídem).

Transformación, innovación, proyectos a corto plazo y movilidad sin límites son, entre otros, algunos de los aspectos del capitalismo actual, aspectos que han desplazado a los del viejo orden, basado en la estabilidad en los puestos de trabajo.

El imperio del "nada a largo plazo", significa que de poco vale la experiencia y que nada está asegurado, en oposición a la postulación que asociaba experiencia acumulada y prestigio. Todo proyecto debe ser a corto plazo y en cualquier momento uno es prescindible, independientemente del esfuerzo realizado.

Asistimos al "fin de la carrera" laboral, en tanto carrera implicaba un camino en donde uno iba paso a paso, que se vinculaba con cierta idea de prosperidad, de movilidad ascendente; por el contrario; lo que se impone, es el trabajo fragmentado. Estos cambios repercuten en los sujetos. Para los individuos eso tiene una lectura angustiante: sólo se puede pensar en el presente, luego, ¿cómo imaginar un futuro en estas condiciones?, ¿cómo organizar nuestra vida personal en un capitalismo que dispone de nosotros y nos deja a la deriva?

En la actualidad, según Bauman, no existe el llamado *trabajo de nuestra vida*. Los empleos son cambiantes y el mercado actual necesita *renovaciones* dentro de las empresas cada poco tiempo.

Por otro lado, Bauman identifica en sus obras la necesidad de cambio que se les impone a los trabajadores, a los que se les reclama cada día más *volatilidad y capacidad de trabajo en diferentes áreas.*

Las empresas buscan a personas volubles, con *capacidad de reinventarse* y que puedan viajar a otra ciudad cuando sea necesario. Personas que lo den todo en el trabajo aun sabiendo que pueden ser *reemplazadas en cualquier momento* si no cumplen con las expectativas.

Los que han conseguido trabajo, tienen que reinventarse cada poco tiempo y afrontar nuevos retos constantemente. Otros muchos, ya graduados, están *trabajando en puestos por debajo de su formación*, y muchos ni siquiera han accedido al mercado laboral.

Se ha perdido el control del tiempo. Lo que más eficazmente proporcionaba el control del tiempo era la *rutina*. Por tanto, además de lo ya expresado, si el tiempo rutinario proporcionaba sentido de comunidad, el corto plazo sería lo opuesto a comunidad. De la rutina, práctica formadora de los trabajadores de la era industrial, pasamos a los "flexworkers", a los trabajadores flexibles, adaptables, cambiantes.

La rutina puede denigrar, pero también puede proteger, diría Sennett; la rutina puede desarticular el trabajo pero también puede articular la vida

El sentido del riesgo y los cambios constantes en el mundo del trabajo "están siendo percibidos con miedo por las clases medias, que se sienten inestables y vulnerables", explica Sennett. Y el miedo permeabiliza las membranas del mundo familiar: "Cada día hay menos solidaridad entre los trabajadores; los padres de la familia ya no les pueden inculcar a los hijos valores como la solidaridad o la lealtad, porque saben que crecerán en un mundo sin ningún tipo de organización" (Sennett, ídem).

Este capitalismo a corto plazo, corroe varios conjuntos de cuestiones características de los seres humanos. Tales cuestiones tienen que ver con las formas pasajeras de asociación, con el no enredarse con el otro ni con la jerarquía, con no tomar riesgo, con el culto al cambio y con la imposibilidad de comprometerse y de sacrificarse.

La flexibilidad es el eslogan de la época, y al aplicarse al trabajo presagia fin del empleo tal y como lo conocemos. La vida laboral hoy está plagada de incertidumbre.

Creemos que varias de estas reflexiones resultan de utilidad para analizar cómo las transformaciones que se han producido inciden en los jóvenes al momento de pensar en estructurar una carrera universitaria y/o una profesión, vistas las características del escenario del capitalismo moderno. Devaluada la idea de carrera, de camino, de prosperidad, de estabilidad, ante la crisis del tiempo lineal la época actual despliega ante los jóvenes una sensación de "sin salida", de "deriva en el tiempo".

Un futuro por alcanzar, ¿fragmentado en episodios?

Es interesante destacar que Silvia Duschatzky sugiere que "*la promesa de un futuro por alcanzar fue el pilar fundamental de la escuela moderna*". En tal sentido, llegar a ser un buen ciudadano, comprender el lugar que debíamos ocupar en la sociedad era una cuestión de tiempo, de tiempos largos, regulares. Pero, tal como se pregunta la autora, habrá que plantearse (Duschatzky, 2003) ¿qué ocurre cuando varía la institución social del tiempo y pasamos de tiempos regulares, sucesivos y lineales a los tiempos instantáneos, evanescentes, alterados?

Desde la Revolución Industrial hasta la era de la información el tiempo era inescindible de cierta regularidad y acumulación, lo que daba sensación de estabilidad y dominio del largo plazo. Regía la linealidad y el progreso continuo y en este modelo el pasado podía explicar el presente y el futuro se tornaba predecible. Pero la percepción del tiempo ha cambiado y es necesario "estar ahí" atrapando a los consumidores, por ejemplo, antes que lo haga la competencia; es necesario estar dispuestos, en el plazo de horas y aún menos, a cambiar los objetivos. Por tanto, la experiencia del tiempo se ha vuelto fugitiva, fragmentada, evanescente.

La representación del tiempo lineal, del futuro por alcanzar y de la anticipación entra en crisis. ¿Qué ocurre entonces en los sujetos cuando nada está asegurado? ¿Cómo se estructura un futuro cuando nada está asegurado, cuando nada es a largo plazo? Si lo que se impone es el corto plazo y el corto plazo sería lo opuesto a la idea de comunidad-con la idea de lo vincular, el lazo, el nosotros, ¿cuál es la nueva forma de establecer lazos?

Diría Bauman, la franja de tiempo llamada futuro se acorta y el lapso total de una vida *se fragmenta en episodios* que son manejados de uno por vez. En una vida regida por el principio de la flexibilidad, las estrategias y los planes sólo pueden ser a corto plazo.

Vinculado con las cuestiones anteriores, ¿cómo se estructura el tiempo en ámbito de la enseñanza y, en el nivel de los estudios universitarios? se percibe: "no sé lo que quiero pero lo quiero ya". Esta afirmación invade en la actualidad el mundo de los adolescentes. De tal suerte, en concordancia con estas premisas, ¿cómo repercuten estas cuestiones en los jóvenes al momento de transitar una carrera universitaria?

En la impronta actual la meta pareciera ser el logro más que el proyecto, inmerso en un tiempo de desapego afectivo, de inestabilidad de las relaciones, de pérdida de lazos solidarios, de una cultura del narcisismo, de lo efímero y de lo inmediato.

Nos preguntamos ¿cómo se puede hoy buscar objetivos a largo plazo en una sociedad de corto plazo? O ¿cómo se elabora una narrativa en una sociedad de episodios y fragmentos? En este sentido, y situándonos en los jóvenes, nos parece una etapa particularmente afectada por esta cultura de lo efímero y el corto plazo, el momento de la elección de una carrera universitaria, y la iniciación de los estudios en este nivel en tanto esta situación tiene que ver con objetivos a largo plazo, e implica situarse en un punto donde, de alguna manera, se planifica el futuro.

También se verifica *la pérdida de credibilidad de las bases de la educación tradicional*, la cual se perfila como algo anticuado por no proveer a los jóvenes las herramientas necesarias para encontrar un trabajo.

Los jóvenes universitarios, la estructuración de sus proyectos: exigencias contradictorias y el corto plazo

Modificaciones de singular intensidad y profundidad van marcando el proceso de los adolescentes. Modificaciones que se van desarrollando en una trama cultural que les provee de modelos de identificación. Pero, en los últimos años se ha acrecentado la inestabilidad del mundo adulto, el quiebre de las redes identificatorias, la cultura de la imagen, la reificación del dinero, el individualismo. De tal suerte, la crisis de la adolescencia queda inscripta entonces en un mundo en crisis: quedan apresados en exigencias contradictorias, mandatos sociales de triunfo, ausencia de modelos que señalen el camino, conductas de riesgo.

Los nuevos impulsos hacia la constitución de un individuo social más libre, no sujeto a comunidades de sentido ampliamente compartidas, da lugar a una diversidad más frágil y aislada, cuyo parámetro de satisfacción está ligado a la inmediatez, aseveración que se confirma en relación a sus requerimientos respecto a sus estudios universitarios.

Impacta en los jóvenes la enorme avalancha de información que los medios y las redes sociales vuelcan sobre ellos, información que resulta difícilmente procesable en tanto se encuentran entre la desintegración de las viejas matrices y la construcción de nuevas matrices interpretativas. Estas nuevas matrices tienen vagos perfiles pero se configuran con la idea de una individualidad autónoma lo que podría definirse como una "militancia de sí mismo". La individualidad "fin du siecle", glorificada en los ochenta como la forma que cada uno tenía de afirmar su diferencia y liberarse de los viejos patrones sociales masificadores, muestra en los 2000 su contracara vulnerable. Al decir de Rosanvallon, "*... la individualización-emancipación se acompaña con una individuación-fragilización*" (Rosanvallon, 1995)

En el capitalismo moderno las instituciones que daban sentido, canalizaban y contenían los procederes individuales en la vida colectiva, se han ido diluyendo dejando a cada uno solo con las decisiones y con el riesgo de las empresas que debía acometer.

Los jóvenes salidos de las universidades en este tiempo de crisis fueron educados en la idea de que los estudios les proporcionarían una buena inserción social. Y, sin embargo, no estaban preparados para verse inmersos en una sociedad de cambios vertiginosos que requieren de ellos ser flexibles y reinventarse laboralmente cada poco tiempo.

Hoy día, muchos graduados tienen puestos de trabajo que están por debajo de su formación y de sus expectativas. Otros, ni siquiera han logrado acceder al mundo laboral. Esto *cuestiona la correlación entre formación académica y utilidad social.* No parece que los estudios universitarios estén adaptados a las necesidades del mercado.

Pero, al mismo tiempo, se ha producido también una pérdida de credibilidad de las herramientas pedagógicas utilizadas hasta el momento. El aprendizaje propio de un mundo perdurable no es aplicable a un entorno cambiante. ¿Esto habilita a la educación online? Pero, en este punto, ¿cómo se controlaría su calidad?

La memoria, base de la educación tradicional, parece hoy día un componente secundario. El esfuerzo educativo no guarda una correlación clara con el éxito social. Y la cultura ya no es un conjunto "sólido" de saberes, sino algo fugaz, cambiante, "líquido".

Al decir de Bauman, "*... aún debemos aprender el arte de vivir en un mundo sobresaturado de información. Y también debemos aprender el aún más difícil arte de preparar a las próximas generaciones para vivir en semejante mundo*".

El individualismo que nace en la modernidad entra en proceso de metamorfosis y juega, a principios del siglo XXI, un papel preponderante.

La nueva relación sociedad-individuo encarna una doble demanda sobre el individuo: el mejoramiento permanente (logros y triunfos) y, la elaboración solitaria de la estima por sí mismo. Se es más vulnerable económicamente, a la vez que se torna psíquicamente frágil en un universo más aleatorio, fragmentado, cambiante y sin el sentido de lo colectivo. El narcisismo que se desprende de las nuevas tendencias se asocia al individualismo de "hacer la tuya", a la búsqueda de no quedar atado por convicciones o responsabilidades sociales. Las mutaciones económicas y laborales y la fragilidad individual exacerbada son el estigma del malestar en la sociedad y de la sensación de riesgo y de incertidumbre.

Por otra parte, la constitución de la generación que los precede no ayuda demasiado a remontar esa constitución frágil de la identidad. Algunos elementos permitirían suponer situaciones de incertidumbre y escepticismo en los padres. Este fenómeno tiene una fuerte relación con el desdibujamiento de un horizonte de expectativas y con el quiebre de ciertas certezas orientadoras y continentes de individualidad.

Los jóvenes se ven impactados por la primacía del *cálculo costo beneficio* en términos personales, a la vez que se consolida un proceso de privatización de la solidaridad en detrimento de la ética colectiva.

En este mismo sentido opera otra de las características del escenario actual: una creciente demanda de profesionalización en casi todas las actividades, lo que lleva a medir los rendimientos en términos de eficiencia de mercado. Se emplaza en todos los ámbitos la "dictadura del experto". Pero esta dictadura del experto implica predominio de la racionalidad instrumental, que si bien promueve el incremento de la productividad, a su vez, genera desencanto y desapasionamiento. Muchos especialistas señalan cómo el culto a la sociedad del trabajo va desapareciendo de los discursos –no así del espacio de la producción y reproducción de los bienes que se intercambian y de fuerza de trabajo que los hace posibles– y se entroniza en su lugar el consumidor y su mundo de acceso a bienes diferenciados[2].

De tal modo, en un mundo fuertemente impactado por mutaciones lo individual prima sobre lo colectivo, en tanto no se puede entender que los propios intereses de los sujetos podrían resolverse

---

2 Es interesante el tratamiento que de esta cuestión hace Néstor García Canclini en su libro *Consumidores y ciudadanos. Conflictos multiculturales de la globalización*, Editorial Grijalbo, Bs. As., 1995.

a partir de asumir ciertos compromisos colectivos. Así, los jóvenes se mueven de manera tan aislada que no alcanzan a discernir que sus propios problemas son los del conjunto de pares que los rodea. El corto plazo se impone al largo, el riesgo y la incertidumbre a la estabilidad y lo predecible.

Inseguridades, la vida en una serie de momentos y la ausencia de por-venir

Los cambios valorativos descriptos servirían para observar cómo en el marco de las inseguridades y contingencias de la sociedad actual, los jóvenes experimentan como devaluada la posibilidad de construir un proyecto de vida.

En este punto, podríamos remarcar cómo los jóvenes quedan comprometidos ante lo que algunos especialistas califican como la "ausencia de por-venir" (Zelmanovich, 2003), dimensión constitutiva de la subjetividad en esta etapa de la vida.

En muchos casos, la transgresión de normas elementales en la sociedad y las manifestaciones del abuso y de la corrupción dan cuenta de la conmoción del contrato social que impacta espectacularmente en los más jóvenes, desprotegidos de propósitos y expuestos a la deriva de la violencia.

Por otra parte, en el ámbito de la educación la imposibilidad del triunfo inmediato se torna para muchos jóvenes una cuestión ingobernable; los jóvenes visualizan cada fracaso o experiencia negativa como terminal, sin poder vivir estas experiencias como una forma de aprendizaje y de superación de dificultades.

La caída de los ideales del modernismo, el desinterés, el facilismo, el individualismo, la economía de mercado a ultranza, la competencia desmedida, el éxito, son algunas de las características de un escenario en el que muchos principios se consideran perimidos y uno de los ideales por excelencia es el de "mantenerse joven y ganar dinero en forma rápida y con el menor esfuerzo".

En tanto, la representación del tiempo moderno era rectilínea e irreversible, estructurada conforme a un antes y un después, lo que traducía la vida como un proceso orientado cronológicamente. Así, cada generación sería la promesa de un futuro mejor, cada etapa vital una preparación de la siguiente: de la infancia a la adolescencia, de la juventud a la adultez, simbolizando el progreso, un progreso basado en la acumulación y los rituales de paso. En la actualidad, se ha roto la transmisión sostenida en la acumulación instituida por el adulto.

Todos estos cambios han impactado en los jóvenes al momento de transitar sus estudios universitarios, en tanto los mismos implican la consumación de un ideal, el vocacional, este ideal se nutre de fuentes diversas. Pero detenerse, por ejemplo, a pensar sólo en la incidencia del mercado laboral en su elección es detenerse a pensar sobre los posibles espacios de frustración. Por otra parte, muchos eligen carreras cortas por eso del "aquí y ahora", de la inmediatez. Lo que aparece es la necesidad de poder competir en el corto plazo.

En una entrevista que se realizara en 2009 Bauman opinaba[3]... Hay muchos indicios de que, a diferencia de sus padres y abuelos, los jóvenes tienden a abandonar la concepción "cíclica" y "lineal" del tiempo y a volver a un modelo "puntillista": *el tiempo se pulveriza en una serie desordenada de "momentos"*, cada uno de los cuales se vive solo, tiene un valor que puede desvanecerse con la llegada del momento siguiente y tiene poca relación con el pasado y con el futuro. Como la fluidez endémica de las condiciones tiene la mala costumbre de cambiar sin previo aviso, la atención tiende a concentrarse en aprovechar al máximo el momento actual en lugar de preocuparse por sus posibles consecuencias a largo plazo. Cada punto del tiempo, por más efímero que sea, puede resultar otro "big bang", pero no hay forma de saber qué punto con anticipación, de modo que, por las dudas, hay que explorar cada uno a fondo.

---

[3] El Guijarro, Zygmunt Bauman: "Los jóvenes creen que el tiempo se pulveriza en una serie desordenada de momentos", julio 2009. [www.elguijarroblanco.es]

El sociólogo asegura que muchos jóvenes sienten la tentación de quedarse al margen, de no participar en la sociedad: algunos de ellos se refugian en un mundo de juegos on line y de relaciones virtuales, de anorexia, depresión, violencia, alcohol e incluso de drogas duras, en un intento de protegerse de un entorno que cada vez más se percibe como hostil y peligroso.

Bauman sostiene que es crucial transformar el sistema educativo, aunque la tarea de construcción de otra educación requiere pensarla de formas distintas: "Aun debemos aprender el arte de vivir en un este mundo sobresaturado de información. Y... preparar a las próximas generaciones para vivir en semejante mundo".

Hoy el conocimiento se presenta en forma de superposición de datos e informaciones que en definitiva resultan fragmentarios e inconexos. No sólo eso: cuando la cantidad de información tiende a aumentar y se distribuye a una velocidad cada vez mayor, la creación de secuencias narrativas se vuelve, indica el autor, cada vez más difícil.

Ante este marco es interesante cómo Perla Zelmanovich plantea que habilitar la búsqueda de un proyecto posible puede cobrar una potencia constructiva ante el naufragio social de ideales y de utopías, en tanto rehabilita la dimensión del por-venir. Para ello es necesario vislumbrar un deseo por conquistar, para, a partir de él, afrontar la escena del mundo. De tal forma, vislumbrar la posibilidad de un deseo es abrir una dimensión en la que algo por venir es posible.

La Universidad, los estudiantes, la carrera ¿futuro?

Cada vez es menos frecuente el planteamiento estático según el cual las personas eligen una profesión o trabajo en su adolescencia y permanecen en él, sin grande cambios durante toda su vida. La aparición de nuevas técnicas, la extensión del trabajo flexible, la reconversión o rediseño de los puestos de trabajo puede llevar a un sujeto a experimentar diversos cambios de profesión o de ocupación a lo largo de su vida. Creemos que, según la opinión de los jóvenes recogida en diversas investigaciones, mientras en las generaciones adultas persistiría la idea de que sólo mediante un título universitario o superior es posible abrirse camino en esta competitiva sociedad y la carrera sigue siendo símbolo de status, en los adolescentes y jóvenes surgen pregunta que incluyen otros interrogantes, tales como ¿será necesario un título universitario?, ¿para qué?, ¿con cuál carrera conseguiré trabajo, cuál termino primero? Todo esto influye al momento de tomar decisiones acerca del por-venir, ¿qué se quiere hacer?, ¿qué se quiere ser?

En esta sociedad de episodios y fragmentos los jóvenes perciben fuertemente a su entorno como frustrante, lo que hace desaparecer sus posibilidades de futuro frente a la incertidumbre y la fragmentación de la vida social. También, aparecía la sensación de desencanto frente a un contexto donde se priorizaban valores como el individualismo, el éxito, la inmediatez. De tal modo, el marco de las inseguridades y contingencias de la sociedad actual, los jóvenes sensación de ver devaluada la posibilidad de construir un proyecto de vida.

Ante la pregunta a jóvenes que iniciaban su primer año de estudios universitarios sobre cómo valoraban el estudio y la obtención de un título, la gran mayoría contestó positivamente, pero a medida que se indagaba más profundamente aparecía que esta valoración positiva no obedecía al hecho de que se supusiera que la dupla estudio-universidad pudiera servir como garantía futura de inserción laboral o de movilidad social. Antes bien, el énfasis aparecía puesto en la capacitación para competir en el corto plazo y en una filosofía de vida que priorizaba el "estar bien". Así, un cierto cálculo y reflexión sobre sus decisiones los llevaban a probar suerte en la universidad, pero a la vez este mismo cálculo, que consideraba el tiempo invertido en el estudio y el beneficio que de ello se pudiera obtener, los impulsaba en ciertos casos a desvincularse de esta institución –al menos por el momento– y a intentar la obtención de un título en menor tiempo en otro tipo de instituciones educativas[4]. Ante las mutaciones que

[4] Diversos trabajos e investigaciones han abordado el análisis de distintos aspectos de los jóvenes que inician sus estudios universitarios. Las consideraciones

se han producido en el mundo del trabajo el gran dilema que se les plantea al momento de proseguir sus estudios universitarios es la salida laboral. Les preocupa prioritariamente que la elección educativa garantice un trabajo bien remunerado. Piensan más en la posibilidad de un futuro trabajo que en la verdadera vocación.

Por décadas atrás primaba un imaginario que se asentaba en principios que asociaban el ascenso y la movilidad social con la educación y el sacrificio laboral. Hoy en día gran parte de estas creencias se encuentran devaluadas; muchos jóvenes creen que la obtención de un título si bien adquiere un valor credencial y de promoción simbólica no siempre asegura facilitar el acceso a mejores oportunidades laborales. En tal sentido, hay quienes señalan que la estética del consumo gobierna hoy allí donde antes lo hacía la ética del trabajo[5]. Esta ética del trabajo fue uno de los principios fundantes de la sociedad industrial que, además, asociaba esfuerzo con dignidad individual y social. Y con estos principios también se asociaba la educación y la obtención de un título.

En muchos casos en los nuevos discursos, se asocia desocupación con ineficacia personal o con "falta de competitividad". Los vectores estructurantes en el pasado han mutado, se pasó de la promesa del estado a la del mercado. De ese pasaje varios factores tienen implicancia en la construcción de la subjetividad. Una de las implicancias más fuertes en dicho mutación ha sido el pasaje del tiempo lineal

aquí incluidas fueron obtenidas en encuestas y entrevistas en profundidad realizadas a grupos de jóvenes que recién iniciaban sus estudios en la UBA, trabajo que tuvo el objetivo de indagar acerca de las razones extra e intrainstitucionales vinculadas a la elección de su carrera, las posibles causa de una temprana deserción y los diferentes niveles de rendimiento académico de los mismos. Investigaciones realizadas en el marco de Programas UBACyT, "El rendimiento de los alumnos universitarios en los primeros tramos de sus estudios", "El problema de la deserción educativa en el marco delas actuales transformaciones" Directora. A. Iriarte

5 Para esta temática ver Zygmun, *Trabajo, consumismo y nuevos pobres*, España, Gedisa, 1999.

a una temporalidad alterada. De tal suerte, el tiempo pierde su característica de linealidad, la vida como carrera, el futuro como un espacio imaginario que permite construir un relato sobre el futuro añorado y el tiempo cae también en su repetición cíclica, de repetición, de rutina, necesario para la lenta constitución de un sentido.

Reflexiones finales

Alterado el tiempo, las instituciones y las formas de identificación con el otro, también se modifican las prácticas y las relaciones entre los sujetos. Los ritos de pasaje que marcaban la entrada o salida a otra fase de la vida dejan de existir. Estos cambios en un tiempo alterado, afectan a los jóvenes. Al momento de transitar sus estudios universitarios y elegir una carrera ven obstaculizado el pensar a largo plazo. Devaluado el futuro como espacio imaginario, el gran dilema que se les plantea, insertos en el mundo laboral del capitalismo moderno, en el mundo de la flexibilización, es la salida laboral. Por tanto, pesa notoriamente en su decisión que la elección pueda garantizar en algún punto, un futuro trabajo bien remunerado; pesa más esa posibilidad que la vocación. Manifiestan "miedo" a las carreras largas y predilección por las carreras cortas. Demuestran desorientación acerca de su elección y poca convicción en muchos casos, lo que los lleva, con frecuencia, a cambiar de carrera o de institución educativa.

En una sociedad de riesgo los jóvenes se ven obligados a adaptarse a las nuevas circunstancias desplegando estrategias y trayectorias innovadoras para abordar un futuro siempre cambiante. Puede decirse que lo que sí existe es la transferencia entre generaciones de capitales sociales y culturales a partir de los cuales los jóvenes pueden rearmar sus trayectorias a la luz de las oportunidades y restricciones de las nuevas condiciones sociales. En el diseño de esas nuevas trayectorias se combinaría deseo con cálculo de oportunidades. (Tiramonti, 2003)

Según Myers[6], existe la tendencia que la educación sea considerada en muchos casos como un producto y no como un proceso. Cuando es considerada como un producto pasa a ser una cosa que se "consigue". Esta concepción debiera ser revisada, y *Bauman propone una educación entendida como proceso*, donde se emplea un conocimiento de usar y tirar. Este deja de ser absoluto y hermético para pasar a ser flexible, mutable, dinámico e incluso volátil. Consecuentemente, Bauman entiende la educación como una *"acción continua de la vida"*.

Educar entonces ¿para qué mundo, para qué sociedad... imprevisible y en permanente mutación?, ¿formar en qué actitudes, hábitos, en qué compromisos y valores, en qué costumbres, si nada es duradero y todo cambiante a gran velocidad?

También, la relación del maestro con su alumno se ha deteriorado. Antiguamente, la única vía de acceso al conocimiento que tenía un alumno era a través de su maestro. El maestro no se limitaba únicamente a hablar o a leer de un libro sino que ayudaba a su discípulo a forjar su carácter y a desarrollar una actitud proactiva basada en el respeto y la confianza. Esa relación mágica ha desaparecido. *Ahora el maestro tiene un competidor tremendo: los medios sociales.*

Se presenta una difícil tarea como es la de distinguir qué información es apropiada de la que no lo es.

> *"Una de las habilidades de los individuos de la sociedad actual debe ser la de protegerse uno mismo de tanta información.*
> La vida se compone de pequeños episodios y cada uno de los episodios no está necesariamente relacionado con el siguiente".

Uno de los objetivos de nuestras vidas debe ser ordenar y unir estos episodios.

El énfasis aparece en la capacitación para poder competir en el corto plazo, devaluada la idea de camino, de carrera, de prosperidad. Puede pensarse que los jóvenes, que parecieran no estar atados

---

[6] Myers E., *Education in the perspective of History*, Harper, N. York, 1960.

a sistemas de pensamiento o creencias muy fuertes y que se ven compelidos a tomar decisiones todo el tiempo sobre qué hacer, cómo, cuándo y cuánto tiempo invertir en ello, fundan buena parte de sus elecciones en una aceptación de su incertidumbre, con la que no se confronta sino que se tolera y frente a la cual se elaboran estrategias de supervivencia. En un mundo trastocado por el pasaje del Estado al mercado, con un tiempo alterado, en una sociedad de episodios y fragmentos, de incertidumbre y falta de certezas, donde *el tiempo se pulveriza en una serie desordenada de "momentos"*, ¿cómo hacen los jóvenes universitarios para estructurar su por-venir?

Bibliografía

ANTELO, Estanislao, 2001, *La Pedagogía y la época*, MIMEO.

BAUMAN Zigmunt, 2008, *La modernidad líquida*, Bs As. FCE.

—. Entrevista diario *Perfil*, publicada el 09/01/2017.

—. 2013 *Sobre la educación en un mundo líquido*, Paidós Ibérica

BECK, Ulrick, 1998, *La sociedad del riesgo, Hacia una nueva modernidad.* Editorial Paidós, Bs As.

DUSSEL, Inés, FINOCCHIO, Silvia, 2003, *Enseñar hoy. Una introducción a la educación en tiempos de crisis*, Fondo Cultura Económica, Bs As.

DELAJONQUIERE, Leandro, 2001, "Se educa para la eternidad", en Antelo E. (comp.), *Más allá del bien y del mal escolar. Ensayos sobre la transformación de los valores educativos*, AMSAFE, Rosario.

DUSCHATSKY, Silvia, 2003, "La escuela entre tiempos", en Dussel, Inés, Finocchio, Silvia, *Enseñar hoy. Una introducción a la educación en los tiempos de crisis,* Fondo de Cultura Económica.

FERNÁNDEZ Alberto, IRIARTE Alicia, POZZI G, PLANES César, 1999, *La Universidad pública en tiempos de incertidumbre: un debate pendiente*, Oficina Publicaciones CBC, UBA, Bs. As.

GARROTE Valeria, 2003, *Sujetos y temporalidad: irse del país como proyecto futuro*, MIMEO.

GIDDENS, Anthony (2007). *Un mundo desbocado, los efectos de la globalización en nuestras vidas.* México. Taurus.

JOLIS María Dolores, Grupo Gisea, 2000, *Los adolescentes en la escuela y en la universidad*, Grupo Editorial Lumen Humanitas, Bs. As.

KESSLER Gabriel, 2003, "Chicos en Banda", reseña en *Revista Propuesta Educativa* N° 26, Bs. As, Julio.

LIPOVETSKY Gilles, 1993, *El imperio de lo efímero,* Anagrama, Barcelona.

LIPOVETSKY Gilles, 1998, *La era del vacío*, Ed Anagrama, Barcelona.

ROSANVALLON Pierre, 1995, *La nueva cuestión social*, Ediciones Manantial, Bs As.

SENNETT Richard, 2000, *La corrosión del carácter. Las consecuencias personales del trabajo en el nuevo capitalismo*, Editorial Anagrama, Colección Argumentos, Barcelona.

TIRAMONTI Guillermina, 2003, "En búsqueda del orden perdido", en *Revista Propuesta Educativa* Nº 26, Bs. As, Julio.

ZELMANOVICH Perla, 2003, "Contra el desamparo", en Dussel Inés, Finocchio Silvia, *Enseñar hoy. Una introducción a la Educación en tiempos de crisis,* Fondo de Cultura Económica, Bs. As.

Lecciones amargas de la experiencia: Gobierno Fernando Henrique Cardoso, la reforma del estado y los impactos en la Educación Superior Brasileña en la década del 90

*Reynaldo Zorzi Neto**

Resumen

En la década de 90, vimos la aparición de gobiernos con perfil neoliberal en Brasil (y en la mayoría de América Latina como un todo) con el discurso que teníamos que repensar el papel del Estado en la sociedad. Este postulado, asumido por las instituciones financieras internacionales, particularmente el Banco Mundial (BM), influyó las políticas de gobierno en este período. Así, se cree que los males de la sociedad brasilera son causados por la crisis fiscal que ha convertido el Estado en una institución social que actúa como obstáculo para el desarrollo económico y social de la nación. La solución para el problema, según el discurso, es que sería necesario redimir su equilibrio mediante la aplicación de una estricta disciplina de

* Cientista Social, profesor del Instituto Federal de Educación en el Estado de Goiás, Brasil. Miembro del grupo de investigaciones Panecástica. Email: paneladeferro@hotmail.com.

gastos, posible sólo con programas que abarcan grandes recortes en los programas sociales, llegando al empeoramiento de la calidad de servicios ofrecidos. En la educación superior, este discurso significa la retirada del Estado en este sector, traducida, es decir, mediante la reducción de la inversión pública en educación superior, así como una significativa expansión de la educación privada, cambiando significativamente la relación público/privado. La conclusión a que llega esta investigación es que la participación del Banco Mundial en la formulación de políticas públicas en Brasil llevó a una separación creciente del Estado como responsable por la educación superior en el país y que al final, los postulados liberales solamente no lograran sus objetivos en su totalidad gracias a la resistencia de la sociedad civil organizada y los actores políticamente relevantes en la universidad y en la sociedad.

Palabras clave:
Reforma del Estado, políticas públicas, privatizaciones, Banco Mundial

Introducción

En este momento en Brasil, vivimos un momento de falta de certezas y dudas.

Nuestro país, después de un proceso que se ha iniciado el 2003, con el presidente Luís Inácio Lula da Silva hasta el *impeachment* de la presidenta Dilma Vana Rousseff en el 2016, pasó por avances positivos en las conquistas sociales, y específicamente en la educación superior. Aunque los sectores conservadores y privatistas seguían representados en los dos gobiernos, podemos claramente admitir que, en relación al gobierno anterior de Fernando Henrique Cardoso, se pasaron grandes cambios positivos, representado sobre todo por el hecho de convertir la educación superior como una responsabilidad y función del Estado brasileño, distintamente de lo que ocurría con

FHC en la década de 90. Asistimos hoy, a un retorno del proyecto neoliberal en Brasil con la llegada de Michel Temer, por vías indirectas, al ejecutivo federal, apoyado, en lo que se refiere a la educación superior, por aquellos sectores que intentan imponer sobre la sociedad brasileña la primacía del privado sobre el público, con la retomada del discurso de que la universidad pública es dispensable y por lo tanto su oferta debe estar a la custodia de la iniciativa privada. Así, analizar lo que se pasó en la década de 90 es importante, antes de más, para entender el presente momento. Comprender el pasado sirve como instrumento de comprensión del momento presente y ayuda a pensar estrategias y formas de resistencias.

Este artículo presenta como objetivo analizarlas políticas de desarrollo del estado brasileño en la década del 90, bajo el gobierno de Fernando Henrique Cardoso, buscando determinar la génesis del proceso que resultó la llamada Reforma del Estado en el país. Para la determinación de este fenómeno, debemos tener en cuenta el aumento de la influencia de las organizaciones internacionales en la formulación y ejecución de políticas de Estado en Brasil, que crece en los años 90, cuando estas instituciones, especialmente el Banco Mundial (BM)[7], de manera notable trabajó en el pensamiento de la política nacional brasileña. Esta influencia, según autores como SOARES (1996:17) tenía, después de más de 50 años de operación de todo el mundo y realizando préstamos en cantidad de más de 250 billones de dólares, una presencia muy negativa no sólo en Brasil sino en todos los países donde ha estado presente:

> *(...) financiou um tipo de desenvolvimento econômico desigual e perverso socialmente, que ampliou a pobreza mundial, concentrou*

[7] El Banco Mundial nació como un banco entre los países capitalistas pos segunda guerra mundial que necesitaron establecer un fondo de estabilización con la habilidad de mantener las tasas de equilibrio del comercio internacional. A través de la Conferencia de Bretton Woods, celebrada en los Estados Unidos en 1944, estableció os términos de la creación del Banco Mundial y el Fondo Monetario Internacional (FMI).

renda, aprofundou a exclusão e destruiu o meio ambiente. Talvez a mais triste imagem desse fracasso seja a existência hoje de mais de 1,3 bilhão de pessoas vivendo em estado de pobreza absoluta.

En Brasil, históricamente, es posible observar la existencia de numerosos momentos de crisis en las relaciones entre el gobierno y el Banco Mundial. Sin embargo, en la década del 90 se produjo el acercamiento entre los agentes, y aunque el gobierno de Fernando Henrique Cardoso ha estado luchando con vehemencia para negar la relación entre el BM y las políticas implementadas en Brasil, hay una gran identidad de las ideas. Las principales medidas prescritas por el BM, a través del "consenso de Washington"[8], para los países que están destinados los préstamos, aunque observado variaciones con el tiempo, los elegidos por el gobierno brasileño en los años 90 como prioridades:

1. Equilíbrio orçamentário, sobretudo mediante redução dos gastos públicos;
2. Abertura comercial, pela redução das tarifas de importação e eliminação das barreiras não-tarifárias;

---

8 El consenso de Washington "formado de la crisis del consenso keynesiano y crisis correspondientes en la teoría del desarrollo económico que había sido elaborado en los años 40 y 50. Por otro lado, esta perspectiva es influenciada por el surgimiento y la afirmación, como una tendencia dominante, una nueva derecha, neoliberal, de las aportaciones de la escuela austríaca (Hayek, Von Mises), monetaristas como Milton Friedman, Phelps, Johnson y de los nuevos clásicos relacionados conla perspectiva racional (Lucas y Sargent) y la escuela de elección pública (Buchanan, Olson, Tullock, Niskanen). Estos puntos de vista teóricos, pensados con un cierto grado de pragmatismo, de los economistas que trabajan en grandes burocracias internacionales, fueron compartidos por los organismos multilaterales en Washington, el Tesoro, la FED y el Departamento de Estados Unidos, por los ministros de Finanzas de otros países del grupo de los siete y los presidentes de los 20 mayores bancos internacionales constantemente oídos en Washington. Este enfoque dominante en el 90 desempeño una poderosa influencia sobre los gobiernos y las élites de América Latina". Pereira (1992:15)

> *3. Liberalização financeira, por meio da reformulação das normas que restringem o ingresso de capital estrangeiro;*
> *4. Desregulamentação dos mercados domésticos, pela eliminação dos instrumentos de intervenção do Estado, como controle de preços, incentivos, etc.;*
> *5. Privatização das empresas e dos serviços públicos. SOARES (1996: 23)*

En los años 90 la idea de disminución del Estado gana intensidad. La crisis de la segunda mitad de los años 80 coincide con el período de retorno de la democracia en Brasil, que representa una frustración a aquellos que imaginaban que la solución de los problemas del país llegaría con "(...) a subida aogoverno dos atores que tinhamjogadoum papel muito especial nacoalizão democrática, aqui e emoutros países da América Latina. Aqueles cujo principal ativo político foi (...) a qualificação técnica combinada como a habilidade em converter estratégias econômicas, os valores democráticos e os novos critérios de legitimidade política" SOLA Y PAULANI (1995:11).El funcionamiento complejo e imprevisible de las estructuras económicas, sin embargo, sorprendió a los actores de la Nueva República, en la medida en que

> *(...) a capacidade preditiva da economia, que se quer política, revelou-se quase tão precária quanto a das demais ciências sociais diante das incertezas e da complexidade das transformações em curso e da qualidade dos desafios com que se defrontaram os governos nacionais. A natureza e o ritmo das mudanças tecnológicas; a reestruturação do sistema político internacional que caracteriza o mundo pós-guerra fria; a "globalização com regionalização" da vida econômica e política: são novos fatores de incerteza no cenário mundial que vê impondo uma revisão do conceito de soberania em paralelo com a relativa perda de autonomia dos estados nacionais para intervir e controlar. SOLA & PAULANI (1995: 11)*

En efecto, la crisis del Estado en los años 90 fue acreditada a la incapacidad de liderazgo político para absorber las demandas de la sociedad, así como disminuirla producción de sus respuestas a los problemas. Otro tema elegido por la sociedad como obstáculo para el desarrollo es la creencia generalizada de que el servicio público es titular de una serie de privilegios, un discurso que se presenta casi como un paradigma en los años 90. Así pues gobierno federal termina buscando el control de gasto del Estado, realizando un intenso proceso de privatización con la venta de empresas estatales y, en consecuencia, con la disminución de los funcionarios públicos, que se presentaban según el discurso oficialista como una necesidad absoluta. En este sentido, el Gobierno ha invertido mucho en la difusión de ideas acerca de la necesidad de las reformas que se realizarán, principalmente a través de campañas publicitarias en los medios de comunicación. La intención de este intento era convencer la sociedad de las necesidades inaplazable de las reformas:

> *Em primeiro lugar, é necessário esclarecer à população, mostrando que a reforma do Estado conduzirá a uma administração mais eficiente, a serviços de qualidade, a um reequilíbrio das contas públicas, em especial de estados e municípios, e à redução geral de desperdícios. E que, e, última análise, a reforma do Estado nada mais é do que um instrumento poderoso de valorização e resgate da cidadania (no que diz respeito à reforma administrativa, de recuperação também do setor público). Com relação à privatização, cabe mostrar (...) que não cabe mais, entre as atribuições do Estado, administrar portos, ferrovias e rodovias e sim garantir o acesso de todas as crianças às salas de aula, proporcionar serviços dignos de saúde, zelar pela segurança do cidadão e suprir o déficit habitacional. É reforçar o fato de que a privatização é essencial não apenas para que o Estado possa se concentrar em sua atividade-fim –o bem estar dos cidadãos– como também combater o déficit público. (COSTIM, MARE: INTERNET)*

Otro factor que contribuye significativamente a la expansión del alcance de las reformas en el primer año de gobierno de Fernando Henrique Cardoso, según PINHEIRO (1999:164), fue la decisión de varios gobiernos de los estados (provincias) para promover sus propios programas de privatización[9]. Se llevó a cabo, según los datos del BNDES (*Banco Nacional de Desenvolvimento Econômico y Social*)[10], entre 1995 y 1998, un total de 80 privatizaciones, sumando al erario público un total de R$ 60,1 billones (en valores actuales, más o menos 20 billones de dólares), así como permitió la transferencia de 13,3 billones en deudas.

Además de luchar para ganar la opinión pública para sus fines, el gobierno también hace uso de un discurso que pretende desacreditar sus opositores, Claudia Costim, ex Secretaria del *Ministerio Federal de Administración y Reforma do Estado* (MARE) preguntó, no sin cierta ironía,

> *"(...) porque eles não atualizam sua agenda de debates. Há que se buscar uma análise mais profunda de raízes culturais que expliquem a permanência de certos temas no imaginário nacional, e de certa forma eles ainda são capturados em determinados momentos e utilizados para sensibilizar a opinião pública a partir de padrões bastante conhecidos". (COSTIM, MARE: INTERNET)*

---

[9] Pinheiro (1999:157) señala que, aunque el proceso de privatización si acelerar notablemente en el gobierno de FHC, las raíces de este debate en la sociedad brasileña pueden encontrarse en los años 80, todavía en el gobierno militar de João Figueiredo donde, en julio de 1981, se creó por Decreto presidencial (86.215/81), un Comité especial de privatización que estableció normas para la transferencia, el procesamiento y la desinversión de empresas controladas por el gobierno federal. Los objetivos fundamentales de la comisión especial de privatización "consistiu em fortalecer o setor privado, limitando a criação de novas empresas estatais e fechando ou transferindo ao setor privado as empresas estatais cujo controle pelo setor público já não era necessário, ou justificável".

[10] In: PINHEIRO, Armando Castelar, GIAMBIAGI, Fábio, GOSKORZEWICZ, Joana. O desempenho macroeconômico do Brasil nos anos 90. In: A economia Brasileira nos anos 90. GIAMBIAGI, Fábio & MOREIRA, Maurício Mesquita (org.). BNDES, Rio de Janeiro, 1999.

A lo mejor, uno de los principales formuladores de la teoría de la crisis fiscal del Estado ha sido Luiz Carlos Bresser Pereira, Ministro del extinto *Ministério de Administração e Reforma do Estado* del gobierno de Fernando Henrique Cardoso. Para él, la crisis del Estado en los años 90 viene desde el agotamiento del modelo keynesiano que desde la segunda guerra mundial, ha optado por la intervención y el fortalecimiento del Estado en la economía, así como la existencia de un pacto mutuo entre capital y trabajo.

> *O controle –a garantia do poder do Estado– transforma-se na razão de ser do próprio funcionário. Em consequência, o Estado volta-se para si mesmo, perdendo a noção de sua missão básica, que é servir a sociedade. A qualidade fundamental da administração pública burocrática é a efetividade no controle dos abusos; seu defeito, a ineficiência, a auto-referência, a incapacidade de voltar-se para o serviço dos cidadãos vistos como clientes. Este defeito, entretanto, não se revelou determinante na época do surgimento da Administração Pública Burocrática porque os serviços do Estado eram muito reduzidos. O Estado limitava-se a manter a ordem e administrar a justiça, a garantir os contratos e a propriedade*[11].

En respuesta a la incapacidad el modelo burocrático para acompañar las transformaciones de la sociedad, el gobierno de FHC propuso la idea de la "administración pública gerencial". Es este concepto que guía toda la política para la reorganización de la maquinaria administrativa del Estado brasileño. Todavía, considero que algunas de las características del sistema anterior, como la existencia de normas para la admisión en sus funcionarios, la formación de una jerarquía formada, la formación sistemática de su personal y un sistema estructurado de remuneraciones fueron mantenidos. Sin embargo, también significó a adopción de nuevos conceptos para la gestión de la administración pública, cuyos principios básicos son:

---

[11] BRASIL. As três formas de administração pública. SITE: [http//www.mare.gov.br]

1. precisa definición de los objetivos a ser perseguidos por el administrador público en su unidad;
2. garantía al administrador de la autonomía de gestión de los recursos humanos, materiales y financieros, para sí poder lograr sus objetivos;
3. facturación y control de los resultados[12].

La reforma de la maquinaria administrativa es, por otra parte, objeto de muchas críticas. ANDREWS y KOUZMIN (1998:2), por ejemplo, se molestaron para resaltarlas inflexiones retóricas del gobierno FHC en relaciónala reforma administrativa del Estado, tratando de demostrar que en realidad acaban por enmascarar la verdadera esencia de los cambios neoliberales:

> *A necessidade de disfarçar o discurso da Nova Administração Pública -ou como o ministro Bresser Pereira se refere a mesma, a administração gerencial- pode ser um sinal de desgaste da ideologia liberal, mas também demonstra a sua capacidade de auto-renovação. Esta estratégia esquizofrênica consiste em construir uma retórica para separar a teoria da Escolha Pública13 da prática da administração gerencial, apresentando esta última como uma solução "pós-moderna", livre de ideologia para o problema do governo. (...) este tipo de discurso gerencial merece ser intitulado de "conservadorismo disfarçado", uma vez que apresenta uma nova expressão ideológica do novo conservadorismo dentro de regimes democráticos (...). As prescrições da administração gerencial têm que ser apresentados de*

---

12 BRASIL. As três formas de administração pública. SITE: [http//www.mare.gov.br]

13 Se trata de la escuela de pensamiento desarrollada por los economistas neoclásicos de la llamada "escuela de Virginia" -cuyo máximo exponente es el intelectual James Buchanan. También se incluyen como teóricos de la elección pública otros economistas y politólogos que adoptan el presupuesto de racionalidad económica, es decir, que las personas son "maximizadores de la ganancia económica," motivado solamente por interés propio no sólo en sus intenciones interacciones económicas, pero también en las sociales y políticas. ANDREWS y KOUZMIN (1998:2).

tal forma que não excitem sentimentos negativos relacionados com o termo "neoliberalismo". Isto parece ser especialmente necessário no contexto latino-americano devido ao impacto dos programas de ajuste estrutural impostos pelo Fundo Monetário Internacional (FMI) e pelo Banco Mundial aos países endividados nos anos 80 e cujas consequências ainda se encontram memória do público.

Numerosos autores analizan el discurso del gobierno brasileño con respecto a su supuesta soberanía en la formulación de sus políticas, afirmando que en realidad lo que existió fue una dependencia de estas políticas en su relación con las organizaciones internacionales. Esta dependencia no era, sin embargo, una característica solamente de Brasil sino una particularidad de todos los países de América Latina, que recurrió a dichos organismos. Esto configura una imposibilidad de estos gobiernos resguardar su soberanía o, visto de otra manera, una seria amenaza para el mantenimiento y desarrollo de las sociedades democráticas en la región. Como dijo GEBRAN (1998:131), "Os países da América Latina são muito obedientes para com as recomendações do FMI e a BM, enquanto os países do primeiro mundo solenemente desobedecem as mesmas". Así, Brasil acabó siguiendo la regla general de los países latinoamericanos, no se constituyó de ninguna manera, un caso aislado dentro de la región.

Apesar de ser considerado rebelde às políticas do Consenso de Washington, a verdade é que o Brasil vem adotando uma série de reformas propostas pelo modelo liberal, sobretudo a partir do governo Collor (...) o governo Fernando Henrique Cardoso vem dando continuidade às reformas liberalizantes, ampliando o processo de abertura econômica, intensificando o processo de privatizações e aprovando uma série de reformas constitucionais que abrem caminho para o aprofundamento das reformas. Muitas das reformas em curso coincidem com as reformas do Banco, como a reforma do sistema previdenciário, a revisão do sistema tributário, a flexibilização dos monopólios, a concentração dos recursos para a educação no ensino básico, entre outras. SOARES (1996: 37)

Por lo tanto es que los años 90 fue testigo de la implementación del modelo neoliberal en Brasil. La primera realización de este proceso en el país fue la pérdida de soberanía de la nación con respecto a la independencia en la formulación e implementación de políticas. Disminuye el margen de libertad para los gobiernos elegidos poner en práctica las medidas contenidas en sus programas, en la medida en que éstos se convierten en "rehenes" de las organizaciones internacionales. Así, la "voluntad de la sociedad", que debate y determina qué proyecto y más factible para el destino del país, se convierte en un hecho secundario delante de las expectativas que provienen de organismos externos que requieren el "encuadre" de los países a traves de amenazas y represalias.

Uno de los efectos centrales de profundizar esta relación de dependencia a las políticas dictadas por los organismos internacionales es el creciente deterioro de la creencia de los individuos en la capacidad de la democracia para resolver los problemas sociales. Este elemento, además de la creciente pérdida de prestigio de los gobiernos pos dictaduras militares y el aumento de la pobreza y la desigualdad entre clases sociales, que contribuyen a la continuidad de una situación histórica de la fragilidad de los regímenes democráticos, con el brote de vez en tiempos de líderes y movimientos, con "soluciones mágicas" a los problemas de la región, vilipendian la democracia en América Latina.

La adopción de la receta del Banco Mundial en la formulación e implementación de políticas también se traduce "na retirada do Estado ou na sua renuncia enquanto um agente econômico produtivo e empresarial" (SOARES: 2001, 154). Deriva de esta proposición la privatización de empresas estatales, reduciendo la participación del sector público estratégico en la economía del país. De esta manera, la producción de un discurso completo en la sociedad para ofrecer la iniciativa privada de una eficacia que sería inherente a su naturaleza, una vocación que sólo ella, en rechazo al público, contendría. El discurso, en un momento posterior, se expande más allá de los límites de la participación en la economía para áreas sociales. Es que cómo predican las virtudes del sector privado también en sectores tales como salud y educación, en detrimento de un sistema público desmoralizado. Estos elementos encajan en otra idea del neoliberalismo, presente en el discurso del FMI y en el consenso de Washington:

> *(...) que é a do estabelecimento de um "Estado mínimo" que cumpra apenas as funções básicas como a educação primária, a saúde pública e a criação e a manutenção de uma infraestrutura essencial ao desenvolvimento econômico. Ou seja, a proposta era a de que o Estado se afastasse das funções que não fossem "prioritárias" para a alavancagem de um desenvolvimento "autonomo" e "auto-sustentado" (SOARES: 2001, 155)*

La Reforma de la enseñanza superior brasileña en los 90

El gobierno Fernando Henrique Cardoso (1995-2002) significa, después de una breve interrupción del proceso en el gobierno anterior de Itamar Franco, una retormada de la aproximación con las diretrizes del Banco Mundial[14] para la educación superior en Brasil. La primera indicación en este sentido está en el fomento al desarrollo de la iniciativa privada en este sector, como indica el BM en el documento La Enseñanza Superior: las lecciones derivadas de la experiencia (1995: 5-6)

> *La mayor diferenciación en la enseñanza superior, o el desarrollo de instituciones no universitarias y el fomento de establecimientos privados, pueden contribuir a satisfazer la creciente demanda social de educación postsecundária y hacer que los sistemas del*

[14] Esta aproximación puede ser percibida más claramente cuando analizamos más adelante la cuestión de la autonomía y de la valuación superior en el gobierno FHC.

nível terceario sean más sensibles a las necesidades cambiantes del mercado laboral. (...) los gobiernos pueden fomentar el desarrollo de la educación tercearia privada a fin de complementar las instituciones estatales como medio de controlar los costos del aumento de la matricula de la educación superior, incrementar la diversidad de los programas de enseñanza y ampliar la participación social en el nivel terceario.

Para lograr este objetivo, el Banco Mundial (1995: 4) indica a los paises en desarrollo que hagan reformas en el sentido de llegar a la máxima eficiencia, calidad y equidad en la enseñanza superior, proponiendo la adopción de cuatro orientaciones "claves" para la reforma:

1. Fomentar la mayor diferenciación de las instituciones, incluyendo el desarrollo de las privadas;
2. Promover incentivos para que las instituciones públicas diversifiquen las fuentes de financiamiento, por ejemplo, la participación de los estudiantes em los gastos y la estrecha vinculación entre el financiamiento fiscal y los resultados;
3. Redefinir la función del gobierno en la enseñanza superior;
4. Adoptar políticas que estén destinadas a otorgar prioridad a los objetivos de *calidad* y *equidad.*

El gobierno FHC intenta adecuarse a las reformas propuestas por el Banco Mundial[15]. Pongamos por caso la expansión de la enseñanza

[15] La profesora Marilena Chauí, en artículo para la revista Praga intitulado "A universidade hoje" pone de relieve la noción de calidad para el Banco Mundial, indicando también su adopción por el gobierno brasileño. Para la profesora, calidad es definida "como competência e excelência, tendo como critério seu atendimento as necessidades de modernização da economia e desenvolvimento social: e é medida pela produtividade. A produtividade que mede a qualidade, é orientada por três critérios: quanto uma universidade produz, em quanto tempo produz, qual o custo de que produz. Em outras palavras, os critérios de produtividade são

privada en Brasil, esperada por el Banco. Después de presentar una redución en el inicio de la década, este tiene un grand aumento durante el gobierno de Fernando Henrique, como puede ser visto en las tablas 1 y 2 (página 10) referentes a la evolución de las matrículas en las Instituciones de enseñanza superior (IES) por dependencia administrativa (1990 hasta 2000) y del crescimiento de las instituciones por dependencia administrativa en el mismo periodo. En contraste con este crescimiento de las IES privadas, percibimos que fueran creadas, mientras las promesas governamentales hechas en el periodo de gobierno de FHC, sólo cuatro nuevas instituciones federales. En el mismo periodo estudiado, las instituciones privadas ampliaron de 684 para 1004. Como resultado, encuanto hubo un incremento de 115.275 vagas en las instituciones federales en contra 748.056 en las privadas, o sea, más de seis veces en relación al sector público federal. SILVA JR. & SGUISSARDI (1999: 187) destacan sobre eso que

> *As mudanças previstas para a educação superior via nova legislação e nova postura do governo repõem para os reitores e diretores e diretores das instituições superiores privadas o dilema histórico da contradição entre a submissão às normas legais e as tentadoras possibilidades oferidas pelo mercado. Seus atrativos na presente conjuntura são muito fortes face ao processo de reestruturação produtiva e às mudanças macro e microeconômicas em curso no país desde o início da década, mas acentuadas nos últimos anos. Por outro lado, a cultura institucional predominante no setor privado –ainda que ameaçada– é marcada pelas facilidades de interpretação da Lei para o atingimento das metas financeiras propostas e possibilitadas pelo mercado.*

Particularmente importante para la compreensión de este proceso de crecimiento del sector privado en la enseñanza superior brasi-

quantidade tempo e custo (...). Observa-se que a pergunta pela produtividade não indaga: o que se produz, para quê ou para quem se produz".

leña son las declaraciones de la profesora Eunice Ribeiro Durham. Históricamente una gran defensora de las políticas educacionales del Ministerio de la Educación (MEC), sob gestión del ministro Paulo Renato Souza, del gobierno FHC, acabó por dejar el Consejo Nacional de Educación[16], despúes decuatro años por discordar de las políticas privatizantes del gobierno:

> *Tem havido um crescimento desmesurado do sistema privado. Esse crescimento está sendo governado pelo mercado, pelo processo de lucro, e está ameaçando a credibilidade do sistema de ensino superior no Brasil (...) principalmente porque desequilibra a proporção entre público e privado. O crescimento do ensino particular (...) é perigoso para o sistema*[17].

Finalmente, devemos considerar la organización de los "centros universitários" por el gobierno FHC de una nueva estrutura para las Instituciones de Enseñanza Superior, iniciativa expresada en el artículo ocho del Decreto N. 2.306, de 13 de agosto de 1997, que determina la organización de las IES en:

I. Universidades;
II. Centros universitarios;
III. Faculdades integradas;
IV. Institutos superiores o escuelas superiores.

---

16 Para Eunice Ribeiro Durham, fue inaceptable la disminución de los poderes del CNE, con la transferencia de los poderes referentes al reconocimiento de cursos para el MEC. La restricción de los poderes del Consejo, un tema que pide estudios posteriores, fue considerada injusta por la profesora, que consideraba el Consejo como un órgano que tenía una acción en el sentido de moralizar el sistema. La concentración de poderes va a contribuir, en la opinión de la profesora, "para diminuir a transparência dos processos de instituições privadas" *Folha de S. Paulo*, 23/07/2001.

17 *Folha de S. Paulo*. Ministério favorece ensino privado, diz amiga de FHC. 23/07/2001.

La novedad en este Decreto, la figura de los centros universitarios, establece una situación em que se concede la autonomía de la gestión para los centros universitarios pero, por otro lado, no se exige que éstos realizen investigaciones. Esa realidad llevó a una reprodución de estos centros que, bajo la disculpa de "formar para el mercado", usan de los beneficios políticos y administrativos relativos a la autonomia, pero no hacen inversiones en la produción del conocimiento, limitando el trabajo solamente a las clases, generalmente llenas, reproduciendo así la lógica del coste bajo y máximo lucro.

Cuadro Nº 1. Evolución de la matrícula por dependencia administrativa. Brasil (1990-2000)

Año	Total	Federal	Estadual	Municipal	Privada
1990	1.540.080	308.867	194.417	75.341	961.455
1991	1.565.056	320.135	202.315	83.286	959.320
1992	1.535.788	325.884	210.133	93.645	906.126
1993	1.594.668	344.387	216.535	92.594	941.152
1994	1.661.034	363.543	231.936	94.971	970.584
1995	1.759.703	367.531	239.215	93.794	1.059.163
1996	1.868.529	388.987	243.101	103.339	1.133.102
1997	1.945.615	395.833	253.678	109.671	1.186.433
1998	2.125.958	408.640	274.934	121.155	1.321.229
1999	2.369.945	442.562	302.380	87.080	1.537.923
2000	2.694.245	482.750	332.104	72.172	1.807.219

Fuente: MEC/INEP

Cuadro N° 2. Evolución del N° de Instituciones de Enseñanza Superior por dependencia administrativa. Brasil (1990-2000)

Año	Total	Federal	Estadual	Municipal	Privada
1990	918	55	83	84	696
1991	893	56	82	84	671
1992	893	57	82	88	666
1993	873	57	77	87	652
1994	851	57	73	88	633
1995	894	57	76	77	684
1996	922	57	74	80	711
1997	900	56	74	81	689
1998	973	57	74	78	764
1999	1.097	60	72	60	905
2000	1.180	61	61	54	1.004

Fuente: MEC/INEP

Cuadro N° 3. Matrículas en cursos de grado presencial por organización académica, según categoría administrativa de las Instituciones de Enseñanza Superior. Brasil (2000)

	Federal	Estadual	Municipal	Privada	Total organización académica
Universidades	459.011	299.033	22.122	1.026.823	91.806.989
Centros universitarios	-	-	4.618	240.061	244.679
Facultades integradas	-	-	5.003	139.438	144.441
Faculdades, escuelas e institutos	10.386	23.102	40.429	400.897	474.814
Centros de educación tecnológica	13.353	9.969	-	-	23.322
Total por categoría administrativa	482.750	332.104	72.172	1.807.219	Total general 2.694.245

Fuente: MEC/INEP

Cuadro Nº 4. Matrículas en instituciones de educación superior por organización académica, según la categoría administrativa Brasil (2000)

	Federal	Estadual	Municipal	Privada	Total organización académica
Universidades	39	30	2	85	156
Centros universitarios	-	-	1	49	50
Facultades integradas	-	-	2	88	90
Faculdades, escuelas e institutos	11	23	49	782	865
Centros de educación tecnológica	11	8	-	-	19
Total por categoría administrativa	61	61	54	1.004	**Total general 1.180**

Fuente: MEC/INEP

La autonomia universitaria en el gobierno FHC y la nueva "Lei de Diretrizes e Bases" de la Educación (LDB)

En los debates a respecto de la nueva LDB, el capítulo refente a la educación superior fue, sin dudas, uno de los más polémicos, por la presencia de intereses conflictuosos, generando mucha discusión. En concreto destaca MURANAKA & MINTO (1998: 66)

O capítulo "DA EDUCAÇÃO SUPERIOR" foi um dos mais discutidos, polêmicos e alvo de sucessivas alterações ao longo do processo de elaboração da LDB. Se, de um lado, havia os professores do ensino superior organizados especialmente no/pelo ANDES/SN, de outro lado, havia o forte lobby dos setores privatistas, representados sobretudo na/pela Confederação Nacional dos Estabelecimentos de

Ensino (CONFENEN), que, em contenda, tentaram consubstanciar seus interesses na lei.

Podemos dividir el proceso de elaboración de la nueva LDB en dos fases muy distintas. En la primera, observamos una amplia participación de la sociedad civil organizada, a través del *Fórum Nacional em Defesa da Escola Pública* (FNDEP). Iniciado luego después del fin de los trabajos de la Asamblea Nacional Constituyente en el 1988, este momento fue marcado por la concentración de los debates en la Cámara Federal y tomó como base el Proyecto de Ley N° 1.258-A/88, presentado por el diputado Octávio Elísio del PSDB de Minas Gerais. El resultado final del proceso de debates del proyecto fue un acuerdo entre las más distintas tendencias en la Casa[18], que de manera general, fue bien recibido por el *Fórum Nacional em Defesa da Escola Pública.*

Después de tramitar en diversas comisiones ysufrir cambios en el proyecto inicial, el Proyecto de Ley 1.258-C/88 fue aprobado en el 13 de mayo de 1993. Podemos decir que el punto culminante de la primera fase se encuentra en ese momento, la aprobación del proyecto, pero debemos considerar que de manera paralela a este movimiento ganaba fuerza dentro de los debates sobre la nueva LDB. Este movimiento se empiezó aún em 1991, con las duras críticas hechas al proyecto por elministro de la educación José Goldemberg[19], y que

---

18 "Todos os setores sociais, da direita à esquerda, das instâncias do MEC aos organismos representativos da sociedade civil e política, participaram do processo de elaboração da nova LDB da Câmara, de 1988 a 1993, através de audiências públicas, seminários temáticos e negociações políticas." (MURANAKA & MINTO, 1998: 174)

19 " (...) o poder executivo adotou a estratégia de desqualificar o projeto democrático de LDB da Câmara Federal, no que foi auxiliado pela mídia, propagando, através do senador Darcy Ribeiro e do próprio estafe do governo (...) que o projeto da Câmara era 'detalhista, corporativo e utópico'." MURANAKA, Maria Aparecida Segatto & MINTO, Cesar Augusto. O capítulo "Da Educação Superior" na *LDB – uma análise. Universidade e Sociedade*, n. 15, fevereiro, 1998.

buscaban quitar las propuestas de la sociedad civil, organizados alrededor del FNDEP, garantizando la aprobación de un proyecto más conservador y vuelto para la eliminación de las conquistas obtenidas en la Cámara. La presentación del Proyecto de Ley 1.258-C/88 en el Senado, ahora bajo el N° 101/93 y con el senador Cid Sabóia de Carvalho, fue duramente criticado por los setores privatistas. Estos, con el apoyo del MEC, presentaran un otro proyecto, distinto del primero y de autoría del senador del estado del Rio de Janeiro Darcy Ribeiro. Según BOLLMANN (1997: 162)

> *Com conteúdos que vinham causando sérios danos a educação pública e gratuíta brasileira e com forte apelo privatista, foi designado relator do projeto o próprio autor, ou seja, o senador Darcy Ribeiro, o que causou grande indignação, principalmente ao Fórum Nacional em Defesa da Escola Pública que vinha lutando pela aprovação do substantivo Cid Sabóia.*

El principio de autonomía aprobado en la LDB y la Constitución Federal en su artículo 207 determina en su conjunto las conquistas históricas que fueron defendidas por la sociedad civil organizada. Sobre eso, el capítulo 53 en sus cuatro primeros párrafos (de un total de 10) destaca:

> *Art. 53. No exercicío de sua autonomia são asseguradas às universidade, sem prejuízosde outras, as seguintes atribuições:*
> *I – criar, organizar e extinguir, em sua sede, cursos e programas de educação superior precistos nesta Lei, obedecendo a normas gerais da União e, quando for o caso, do respectivo sistema de ensino;*
> *II – fixar os curriculos de seus cursos e programas,observadas as diretrizes pertinentes;*
> *III – estabelecer planos, progrmas, e projetos de pesquisa científica, prosução artística e atividades de extensão;*

IV – fixar o número de vagas de acordo com sua capacidade institucional e as exigências do meio[20].

Analizando la autonomía de las universidades brasileras, CURY (1998: 18) afirma que paso a una condición de "(...)respeito maior à autonomia e por isso mesmo o prerrogativa universitária passa a responder por uma maior soma de atribuições livres de controle específicos e operacionais dos sistemas de ensino."

No obstante, no podemos pensar la cuestión de la autonomía no vinculada de a los recursos, sobretodo financieros, que son necesarios para garantizar la ejecución de la misma. En este sentido, las críticas de la sociedad civil organizada son pertinentes en la medida que la autonomía para la universidad fue utilizada por elgobierno para que este se desobligue de la función de financiar la enseñanza superior. Esta postura encuentra respaldo justamente en la política defendida por el Banco Mundial para la enseñanza superior:

Una mayor autonomía institucional es la clave del éxito para la reforma de la enseñanza más eficientemente. La experiencia reciente indica que las instituciones autónomas responden mejor a los incentivos para mejorar la calidad y aumentar la eficiencia. (BANCO MUNDIAL, 1995: 69)

La Universidad como una *Organização Social* (O.S)

Buscando disminuir la obligación del Estado con la universidad pública es que el gobierno Fernando Henrique propone y aprueba

20 CURY, Carlos Roberto Jamil. A educação superior na nova Lei de Diretrizes e Bases da educação nacional: uma nova reforma? In: *Cadernos de Pesquisa*, n.101. Fundação Carlos Chagas, julho, 1997.

la Ley N° 9.637, de 15 de mayo de 1998, sobre la calificación de las entidades como *Organizações Sociais* (O.S). Las O.S son caracterizadas como un modelo de organización pública no estatal, compuestas por organizaciones sin fines lucrativos y destinadas a absorber actividades públicas mediante calificación técnica comprobada. El objetivo principal del gobierno está en la idea de concederse a las universidades autonomía financiera y administrativa. La importancia de la implementación de este proyecto puede ser expresa por la afirmación de uno de sus más importantes defensores:

> *Um dos projetos mais importantes do governo FHC é o de garantir autonomia financeira e administrativa aos serviços sociais do Estado, ou seja, a suas universidades, escolas técnicas, museus, hospitais e centros de pesquisa, de forma que possam realizar com muito maior eficiência sua missão. Esse objetivo poderá ser alcançado através da criação da figura jurídica ds organizações sociais e do programa de publicização, através do qual entidades estatais serão transformadas em organizações públicas não estatais. (PEREIRA, 1995: 1b).*

Este proyecto fue, sin embargo, muy criticado por la comunidad universitaria, una vez que acaba siendo utilizado por el gobierno como una estrategia para eximirse de sus responsabilidades en la enseñanza superior, obligando las instituciones públicas a buscar sus proprias fuentes de financiamiento para sobrevivir. Incluso crititicaron también elhechodel gobierno, al proponer las O.S, pasó a ver las universidades como prestadoras de servicios y no como lo que ella realmente es, una institución de carácter social y público. Una organización se diferencia de una institución, sobretodo porque:

> *(...) se define por uma outra prática social, qual seja, a da sua instrumentalidade: está referida ao conjunto de meios particulares para obtenção de um objetivo particular. (...) É regida pelas idéias de gestão, planejamento, previsão, controle e êxito. Não lhe compete discutir ou questionar sua própria existência, sua função, seu lugar*

na luta de classes, pos isso que para a instituição social universitária é crucial, é, para organização, um dado de fato. (CHAUÍ, 1998: 30)

La propuesta de evaluación de las universidades en el gobierno FHC

La discusión de la evaluación de las universidades es siempre un tema muy novedoso en el interior de las instituciones, generando fuertes debates y dividindo las opiniones. El único consenso que existe sobre el tema es que la evaluación necesita ser hecha. A partir de este punto, los agentes no están de acuerdo sobre cuales deben ser los objetivos del proceso, cual deve ser su alcance o aún quien debe proceder la evaluación: el Estado, empresas privadas contratadas para este fin o las propias instituciones académicas. En consecuencia, debemos considerar que estudiar el tema de la evaluación en las instituciones universitarias presupone estar en un campo donde están presentes ideas y propuestas que nos llevan a conceptos mejores sobre el papel que debe tener la universidad en la sociedad. Con la crisis del Estado, como apuntan los neoliberales, el debate pasa a discutir cual función tiene la evaluación en el proceso de salida del Estado de la educación o, como destaca DIAS SOBRINHO (2001: 7)

A avaliação tem muitas faces. Significa muitas coisas, se apresenta de mitos modelos e busca cumprir distintas finalidades. Também oculta muitos significados. Não a podemos compreender simplesmente como instrumento ou mecanismo técnico. Ela produz sentidos, consolida valores, provoca mudanças, transforma. Tem uma profunda dimensão pública. Então, interessa muita gente. Por isso é política e ética, emora muitas vezes queira esconder isso sob um manto da técnica, como se sua tecnicalidade a fizesse neutra e detituída de valores. Uma reflexão sobre esse tema será sempre inconclusa e preliminar. Certamente deixará suspensas no ar dúvidas. Mas é preciso lançar as quetões. Começar, ao menos.

Otros autores, como SILVA (1999: 125) también destacan los problemas de naturaleza política que están presentes en una evaluación, si consideramos que

> *(...) não sabemos o que realmente os governantes pretendem fazer com os seus resultados. Será que ela será usada para cortar mais recursos públicos? Quem deve realizá-la, o Estado ou uma instituição privada? Outra questão é: o que os governantes entendem por qualidade. Nota-se que, de acordo com o discurso da nova administração públcia gerencial, a palavra-chave dessa nova concepção de Estado e de educação superior é a denominada eficiência, que pode ser obtida não só por meio da racionalização das ações dos agente envolvidos, como também da instituição como um todo. Diante do exposto, o conceito de qualidade acaba sendo entendido como de cunho meramente empresarial, em que é identificado, na maioria das vezes, como eficiência e produtividade.*

En Brasil, las iniciativas de evaluación nacionales en cursos de grado no existían hasta la Ley N° 9.131, de 24 de noviembre de 1995, que determinó la realización de evaluaciones frecuentes de las instituciones y cursos[21]. La Ley N° 9.131 fue confirmada por la *Lei de Diretrizes e Bases* de la educación nacional, que estableció, a través del artículo 46, que deberia ser responsabilidad del gobierno nacional, los reconocimientos periódicos de los cursos de grado, hecho a través de evaluaciones externas. Nosotros vamos a analizar lo más representativo de los procesos en los 90, el Exame Nacional de Cursos, popularmente conocido como PROVÃO, elegido por elgobierno Fernando Henrique como prioridad para el sistema. Instituido primeramente en los cursos de Administración, Derecho y Ingeniería

[21] Iniciativas aisladas de evaluación fueran elaboradas sobre todo por universidades públicas. A Universidad de São Paulo (USP) y la Universidade de Campinas (UNICAMP) fueran em este sentido las primeras a proceder procesos de evaluación interna.

Civil (después extendido a otros cursos), se caracterizó por hacer pruebas individuales a los alunmos iniciantes y concluyentes de los cursos, definindo criterios de acreditación y reacreditacion de los cursos, a cada 4 años[22].

Si en un primer momento, el proceso de implantación del programa de evaluación es discutido con la comunidad universitaria, debemos destacar que, algun tiempo después, el gobierno abandona su postura democrática de construcción del proyecto, que asumió inicialmente para implantación del PROVÃO. En esta segunda fase, simplemente partió para la intimidación y confrontación en contra aquellos que se oponian ao proyecto. Prueba de eso, la *Revista do PROVÃO*, publicó un artículo del reportero Luís Edgar de Andrade llamado "Quem tem medo do PROVÃO?"[23]

> *No Rio, os estudantes de jornalismo da UFRJ e da Universidade Federal Fluminense (estes últimos apoiados pela direção da escola) anunciaram no ano passado o boicote ao Provão, mas não tiveram coragem de faltar ao exame. Assim, é mole. Compareceram à prova e entregaram as questões em branco. Azar o deles. Toda vez que exibirem o currículo escolar para conseguir emprego numa redação, custará cmo estigma que se formaram em 2000, o ano zero no Provão. É uma safra de jornalistas sob suspeita, aos olhos do mercado, tal como os Boudeaux 1991 no comércio de vinhos. Os conhecedores sabem o que significa esse labéu.*

Otra orientación del MEC en el gobierno FHC fue usar las evaluaciones para no proceder al reacreditacion de los cursos que presentasen tres evaluaciones negativas.

> *Quem não se mexer para melhorar a qualidade vai fechar, adverte o ministro Paulo Renato Souza. Segundo ele, desde a sua primeira*

---

22 *Revista do PROVÃO*. Brasília, N°. 6, 2001, p. 17.

23 *Revista do PROVÃO. Avaliação e qualidade*. Brasília, N° 6, p. 36.

edição, em 1996, o PROVÃO tem indicado uma melhoria gradual na qualidade dos cursos oferecidos nas diversas instituições, que passaram a investir mais, por exemplo na qualificação dos professores, no projeto pedagógico e nas instalações físicas. Mas isso não aconteceu com todas as instituições que participaram dos exames. O PROVÃO significou uma sacudida geral nas instituições de ensino superior. Agora, os seus resultados e também, os das visitas às instituições feitas pelas comissões de especialistas vão repercutir diretamente sobre os processos de renovação do reconhecimento dos cursos e do recredenciamento das instituições, afirma o ministro[24].

Los cursos que tuvieron conceptos D y E en tres evaluaciones seguidas del PROVÃO, o aún que tuvieron obtenido concepto CI (Condiciones Insuficientes) en dos evaluaciones en las condiciones de oferta, pueden no renovar la concesión. Las comisiones técnicas de la *Secretaria de Ensino Superior* tiene 30 días para elaborar una opinión sobre la atuación de los cursos que va a ser transmitido a Cámara de Educación Superior del *Conselho Nacional de Educação* que podrá tomar tres posiciones distintas en relación a la reacreditacion:

I. Favorable a la concesión de la reacreditación y fijar una nueva evaluación que debe ser realizada entre tres y cinco años;
II. Desfavorable a la concesión y indicar una fecha para que los problemas puedan ser solucionados;
III. Desfavorable a la concesión y indicar la derogación de la concesión de la acreditación.

[24] *Revista do PROVÃO*, Brasília 1999, n. 4.

Cuadro Nº 5. Porcentaje de pruebas en blanco en relación al N° de estudiantes presentes en el Examen Nacional de Cursos, ENC/PROVÃO (1996/1997/1998/1999/2000)

Curso	1996	1997	1998	1999	2000
Administración	8,4	0,4	0,4	0,2	0,2
Derecho	11,4	1,9	1,9	0,4	0,5
Ingeniería Civil	32,1	13,8	6,5	6,8	5,9
Ingeniería Química	-	6,6	8,0	6,9	3,8
Med. Veterinaria	-	2,3	3,4	0,5	0,5
Odontología	-	1,0	0,2	0,1	0,1
Ingeniería Eléctrica	-	-	4,0	4,2	8,2
Periodismo	-	-	10,6	11,0	14,6
Filología	-	-	4,5	1,4	0,7
Matemáticas	-	-	3,2	0,7	0,4
Ingeniería Mecánica	-	-	-	1,1	5,8
Economía	-	-	-	3,3	1,0
Medicina	-	-	-	0,2	0,6
Agronomía	-	-	-	-	1,5
Biología	-	-	-	-	0,8
Física	-	-	-	-	6,2
Psicología	-	-	-	-	0,7
Química	-	-	-	-	0,3
Total	11,7	2,2	2,2	1,4	1,4

Fuente: MEC – ENC 2000

Cuadro N° 6.
N° de cursos participantes en el ENC (1996/1997/1998/1999/2000) por grado

Curso	1996	1997	1998	1999	2000	96/97	97/98	98/99	99/00
Administración	335	354	391	431	451	5,7	10,5	10,2	4,6
Derecho	179	196	212	229	257	9,5	8,2	8,0	12,2
Ing. Civil	102	106	110	112	118	3,9	3,8	1,8	5,4
Ing. Química	-	44	47	48	50	-	6,8	2,1	4,2
Med.Veterinária	-	37	39	43	50	-	5,4	10,3	16,3
Odontologia	-	85	86	87	93	-	1,2	1,2	6,9
Ing. Eléctrica	-	-	81	84	87	-	-	3,7	3,6
Periodismo	-	-	84	92	97	-	-	9,5	5,4
Filología	-	-	369	382	406	-	-	3,5	6,3
Matemáticas	-	-	291	305	322	-	-	4,8	5,6
Economía	-	-	-	187	189	-	-	-	1,1
Ing. Mecánica	-	-	-	70	73	-	-	-	4,3
Medicina	-	-	-	81	81	-	-	-	0,0
Agronomía	-	-	-	-	70	-	-	-	-
Biología	-	-	-	-	238	-	-	-	-
Física	-	-	-	-	80	-	-	-	-
Psicología	-	-	-	-	117	-	-	-	-
Química	-	-	-	-	109	-	-	-	-
Total	616	822	1.710	2.151	2.888	33,4	108	25,8	34,3

Fuente: MEC – ENC 2000

Cuadro N° 7.
N° de alumnos presentes en el ENC (1996/1997/1998/1999/2000) por grado

Curso	1996	1997	1998	1999	2000	96/97	97/98	98/99	99/00
Administración	24.948	31.446	36.098	39.312	42.672	26,0	14,8	8,9	8,5
Derecho	26.209	36.682	41.158	42.878	46.420	40,0	12,2	4,2	8,3
Ing. Civil	4.380	5.874	5.400	6.019	6.126	34,1	-8,1	11,5	1,8
Ing. Química	-	1.643	1.417	1.483	1.451	-	-13,8	4,7	-2,2
Med.Veterinária	-	2.233	2.202	2.679	2.889	-	-1,4	21,7	7,8
Odontologia	-	7.698	7.488	8.087	8.071	-	-2,7	8,0	-0,2
Ing. Eléctrica	-	-	4.271	4.351	4.374	-	-	1,9	0,5
Periodismo	-	-	4.188	4.956	5.458	-	-	18,3	10,1
Filología	-	-	16.604	19.332	21.292	-	-	16,4	10,1
Matemáticas	-	-	7.997	10.102	10.869	-	-	26,3	7,6
Economía	-	-	-	9.397	8.650	-	-	-	-7,9
Ing. Mecánica	-	-	-	3.629	3.216	-	-	-	-11,4
Medicina	-	-	-	7.793	8.018	-	-	-	2,9
Agronomía	-	-	-	-	3.425	-	-	-	-
Biología	-	-	-	-	10.486	-	-	-	-
Física	-	-	-	-	1.573	-	-	-	-
Psicología	-	-	-	-	9.537	-	-	-	-
Química	-	-	-	-	3.313	-	-	-	-
Total	55.537	85.576	126.823	160.018	197.840	33,4	108,0	25,5	23,6

Fuente: MEC – ENC 2000

Cuadro Nº 8.
N° de inscripciones de estudiantes en el ENC (1996/1997/1998/1999/2000)

Curso	1996	1997	1998	1999	2000
Administración	27.535	36.205	42.224	43.970	48.020
Derecho	27.220	39.715	44.318	45.373	48,854
Ingeniería Civil	4.588	6.448	6.664	6.665	6.634
Ingeniería Química	-	1.763	1.559	1.632	1.522
Med. Veterinaria	-	2.398	2.364	2.814	2.987
Odontología	-	7.767	7.864	8.209	8.149
Ingeniería Eléctrica	-	-	4.848	4.667	4.677
Periodismo	-	-	4.900	5.504	6.105
Filología	-	-	18.423	21.330	22.997
Matemáticas	-	-	8.423	11.013	11.797
Ingeniería Mecánica	-	-	-	3.890	3.501
Economía	-	-	-	10.621	10,164
Medicina	-	-	-	7.953	8.097
Agronomía	-	-	-	-	3.565
Biología	-	-	-	-	11.209
Física	-	-	-	-	1.734
Psicología	-	-	-	-	9.889
Química	-	-	-	-	3.689
Total	59.343	94.296	142.107	173.641	213.590

Fuente: MEC – ENC 2000

Aunque el gobierno intente mostrar una condición de tranquilidad en relación al PROVÃO, buscando enfatizar en fin de las críticas al proceso y el aumento de la presencia de los estudiantes en las pruebas (aunque la fuerza, una vez que la prueba es obligatoria) así como mostrar, por medio de un discurso a través de los medios de comunicación y de la publicación de una serie de periódicos, con declaraciones de algunos miembros que apoyan el PROVÃO que el es una realidad, que estaba a punto de quedarse, es inegable que muchas críticas fueron hechas por parte de grupos representativos de la

Cuadro Nº 9.
N° de cursos participantes en el ENC/2000, por naturaleza de la instituición

Curso	Universidad	Centro Universitario	Facultad Integrada	Escuela Isolada
Administración	210	35	43	163
Derecho	167	18	19	53
Ingeniería Civil	96	4	0	18
Ingeniería Química	44	0	1	5
Med. Veterinaria	43	3	1	3
Odontología	82	1	2	8
Ingeniería Eléctrica	66	2	1	18
Periodismo	77	10	3	7
Filología	237	29	32	108
Matemáticas	207	30	17	68
Ingeniería Mecánica	58	0	0	15
Economía	114	14	14	47
Medicina	58	2	2	19
Agronomía	56	1	0	13
Biología	164	19	11	44
Física	67	5	0	8
Psicología	92	9	3	14
Química	88	5	2	14
Total	2.151	187	151	624

Fuente: MEC - ENC 2000

comunidad universitaria en relación al proceso. Las principales que podemos destacar son:

I. El sistema evaluativo PROVÃO se presenta como más un proceso de evaluación de la enseñanza superior brasileña, concebido para "se desenvolver de modo fragmentado, dificilmente consolidável e compatibilizável pela SESu (Secretaria de Ensino Superior)" (CUNHA, 1997: 134), compuesto también por otros mecanismos que tienen los mismos objetivos;

II. A lo largo de la historia, muchos procesos de evaluación fueron pensados de manera autoritaria, sin considerar la comunidad universitaria. Estas evaluaciones, según LEITE (1998: 24), "são impostas de fora para dentro, seguidamente marcada por critérios tecnicistas e eficientistas, influenciados por agências externas, pretensamente neutras e muitas vezes atreladas a propostas políticas de governo, se esvaíram ao sabor de mudanças no quadro político ou troca de ministros";

III. Es imposible evaluar según parámetros nacionales fijos, cursos distintos, de un país tan grande y con tantas diferencias regionales, como Brasil. En efecto se puede percibir evaluaciones "que no evaluan nadie, o casi nadie", con cuestiones superficiales o, tanto peor, que se produzca una evaluación injusta y que resulte perjudicando determinados cursos o mismo regiones interas por cuenta del contenido de las pruebas;

IV. La existencia de un "ranking" de universidades y cursos es criticada en la medida en que se presenta como resultado final no una competición positiva entre las instituciones y cursos pero, en contrario, transfere la lucha por calidad y mejora del plan colectivo para el individual. Después del PROVÃO, el estudiante pasa a ser responsable por el resultado del curso, lo que evidentemente no puede ser vista como algopositivo.

V. El PROVÃO se pone en la lógica del mercado neoliberal que gobernó con intensidad, las relaciones humanas en los 90. Así, el PROVÃO reforzó

> *(...) a continuidade das relações de poder e de dominação social. Através dele, medem-se e classificam-se resultados, a partir de de conhecimentos selecionados e princípios definidos sem a participação dos envolvidos, ou seja, professores, alunos, coordenadores de cursos e, muito menos, a sociedade. (LEITE, 1998: 24)*

VI.Los resultados del proceso evaluativo fueron, reconocidamente, usados como factor de alocación de recursos. En lugar del gobierno estar preocupado con aquellas instituciones que presentaron los resultados abajo de lo esperado y invertir más recursos para estas instituciones, el mecanismo del PROVÃO hizo lo opuesto: las que se salieron mejor ganarían más recursos, perpetuando la condición de desigualdad en la enseñanza superior. El sistema evaluativo proposto acabó así

> *(...) produzindo uma "armadilha social", uma vez que teremos um sistema diversificado e, ao mesmo tempo, diferenciado, em termos de qualidade. Isso, no entanto, não parece ser uma preocupação para os gestores do sistema de ensino superior do Brasil, pois parecem assumir a diferença, a distinção, e a desigualdade como princípios de organização e metas a serem alcançadas. Além do que, parecem rejeitar a pertinência da "universidade pública como bem social", a serviço do bem comum, e a responsabilidade do Estado par com o seu financiamento. (CATANI & OLIVEIRA, 2000: 13)*

VII. El PROVÃO, ao promover la evaluación individual de los estudiantes, acaba haciendo una evaluación muy específica del aprendizaje, promoviendo por lo tanto

> *(...) um flanco para transforma-se numa avaliação de pessoas, diga-se de passagem inadequada, pois só afere resultados e em determinada situação. Parece claro que o "mercado" certamente poderá vir a exigir a "nota" dessas pessoas, e aí corre-se o risco de ser tarde demais. Além do mais, essa avaliação, essa avaliação redutora não tem efeito retroativo sobreo percurso acadêmico já realizado pelo aluno numa dada instituição, o que o transforma na principal vítima da medida. (MURANAKA & MINTO, 1998: 70)*

Por los problemas y limitaciones de este proceso evaluativo, incluso los integrantes del ministerio reconocen que el PROVÃO está lleno de muchos problemas. La ex-presidente del INEP (*Instituto Nacional de Estudos e Pesquisas Educacionais*), Maria Helena Guimarães de Castro, reconoce en un artículo las contradicciones del PROVÃO:

> *(...) O PROVÃO não serve como critério para avaliação das instituições (mas acaba sendo assimilado por elas) e é insuficiente para avaliar a qualidade dos cursos (porque é insensível ao que foge ao currículo padrão, como a oferta de formação pré-profissional dos cursos que contam com empresas juniores e sistemas de estágio supervisionado, trabalhos de conclusão de curso avaliados por bancas de professores e profissionais, cursos que mantenham intercâmbios com outros cursos no país ou no exterior, etc.). Além de não premiar excelência (ao medir apenas a competência mínima necessária ao profissional para atuar no Brasil contemporâneo), não mede o valor agregado pelo curso que o aluno recebe, prejudicando, sistematicamente, os cursos que recebem as piores alunos e conseguem formá-los, e favorecendo sistematicamente, os cursos que recebem os melhores alunos e os formam, sem nenhum esforço. Mais ainda, o PROVÃO incentiva estratégias de adestramento dos alunos para a prova (que em um primeiro momento pode se constituir num avanço, mas que ao longo do tempo não é desejável) e confere um poder aos estudantes que tem sido usado, em alguns casos, para fins que não são o de demonstrar o que efetivamente aprenderam (...). (CASTRO, 2001: 12)*

Por todo que fue analizado y todas las críticas que suscitó la evaluación hecha en el gobierno Fernando Henrique, podemos decir que la consecuencia del proceso fue la profundización de la crisis del sistema de enseñanza superior brasileña al revés, no la mejoría del sistema. Profundizó el desequilibrio entre instituciones (y concluyentes de los cursos) en un sistema ya desequilibrado. No llevó ninguna contribución positiva para mejorar la calidad del sistema y se mostró como incapaz de minimamente remediar los graves problemas en que se encontraba la universidad en la década de 90.

Conclusiones

Como podemos observar a lo largo deste artículo, la década de los años 90fue un momento de replanteamiento profundo del papel que desempeña el Estado en Brasil. El discurso delgobierno vendió la idea para la sociedad de que el Estado en Brasil era muy caro para ser sostenido y que si estuviera menor sería bueno para el país.Algunos servicios públicos, antes vistos como fundamentales para el desarrollo económico y social de la nación, dejaron de ser prioridadpara ser considerados como un gastoinnecesarios yque se podrían ser sustituidos con calidad y eficiencia a través de la iniciativa privada. Además, han producido tambiénun discurso de que estos servicios, tales como las universidades públicas, habían sido apropiada por los ricos, solamente los estratos más ricos tenían acceso a ellas, como un privilegio, en una sociedad ya impregnada por las desigualdades sociales. La disminución de la presencia de la iniciativa pública en estos sectores sería entonces necesario para permitir que los más pobres, a través de la concesión de becas, podrían finalmente estudiar y ascender socialmente.

La estrategia adoptada para liberar el Estado pasaba necesariamente por privatizaciones, que condujó a la transferencia de activos públicos a particulares, a menudo en circunstancias inusuales, como denunciado por varios autores. Numerosas son las consecuencias del modelo neoliberal adoptado por el gobierno de Fernando Henrique Cardoso. En primer lugar, podemos destacar la determinación con la que buscaron en Brasil el control del gasto y la inflación no tuvo en cuenta las consecuencias sociales de la adopción. Si hubo un "relativo éxito" de las medidas, que era alcanzar la meta de reducir la inflación, la recesión causada por las políticas de austeridad a cualquier precio penalizaron a la sociedad, porque significó un duro golpe en aquellos individuos de renta baja, precisamente aquellos más necesitados de ayuda de servicios de asistencia social. En la medida en que el programa de ajuste fiscal había causado drásticos recortes del gasto, se quitó sectores tales como salud y educación de los recursos que muchas veces son esenciales para el buen funcionamiento de estos sistemas. SOARES (2001: 157)afirma acerca de las consecuencias de la adopción de esta política neoliberal, que hubo un "(...) agravamento da já iniqua alocação de recursos para as políticas sociais. Provocou- se uma recessão, aumentando o desemprego e piorando ainda mais a situação dos mais carentes, o que obviamente desencadeou uma elevação na demanda por benefícios e serviços sociais (...)."

Los años 90 pueden ser representado por esos factores, lo que podemos llamar de la primacía del campo económico sobre el social. Observamos así que algunosactores sociales pasan a defender la aplicación de los conceptos referentes a relaciones económicas a la enseñanza superior. Valores que no se relacionan a la idea de produción del saber y la pesquisa académica, como por ejemplo, administración pública gerencial, tiempo de prestación de servício, valor de mercado, son validados y discutidos en el interior de la universidad. En este intenso proceso de mercatilización de la produción del saber, que lleva la universidad a ser "transformada na direção de um economicismo tecnocrático que concebe a organização e o funcionamento da vida acadêmica em termos empresariais". (IANNI, 1997: 31), otros valores exógenos ala academia son agregados.

Si puede percibir la promoción de la competitividad basada en critérios capitalistas, indución a formas de mercado en la produción del conocimiento, transmisión y apropriación del saber, bien como un desprecioa las lógicas sociales e cooperativas, en favor de una lógica individual e de desprecio a iniciativas de naturaleza colectiva. El intento de acabar con la universidad públicano podría ser posible sin pensar en los temas de la autonomía y la evaluación. Cuanto a lo primero, asistimos todo un esfuerzo en el sentido de se repensar el papel y la extensión de la autonomía, con un claro apunte para su restrición. Si la universidad pasa a ser vista como una empresa por el gobierno Fernando Henrique Cardoso, ésta necesita orientarse por los criterios mercadológicos, lo que resultará en un proceso de reducción institucional. Las instituciones de enseñanza superiores en Brasil tuvieron que diversificar sus fuentes de financiamiento, una vez que los recursos del Estado no podrían garantizar su funcionamiento.

A pesar de ser un ex alumno y ex profesor de la universidad pública y tener toda una historia de resistencia en contra la dictadura militar brasileña (1964-1985), su gobierno trató la cuestión de la autonomía como "caso de policía", nunca se ha percibido en Brasil un ataque tan sistemático a la autonomía como se observó en el gobierno FHC. Aquello que fue conquistado por los setores progresistas en la Constituición de 1988 pasa a ser sistemáticamente criticado. Los avances en la elaboración de la Carta Magna en su artículo 207 fueran caracterizados por el *staff* gubernamental como dispendioso para el Estado. Usando la disculpa de que el país no tenía más de los recursos para garantizar la autonomía, se trató de defender la disminución de la extensión del concepto, así como la diversificación de las fuentes de financiamiento, incluyendo en este punto, elpago de tasas. Esta orientación del gobierno FHC llevó a una redución de la participación del Estado brasileño en la enseñanza superior, y significa el aceite de la política pensada por el Banco Mundial para el sector. Afirma el Banco:

> *En algunos países –como en Brasil– varias universidades tienen prohibido por ley cobrar matrículas (...) estas restricciones crean rigidez e ineficiência en la administración. A la inversa una base diversificada de recursos es la mejor garantía de autonomía institucional. La autonomía resulta ser en grand medida um concepto vacío mientras las instituciones dependen de uma fuente única de financiamento fiscal (Banco Mundial, 1995: 70-71)*

Por último, sobre la evaluación universitária en Brasil en los años 90, la expansión del número de instituciones superiores y de la oferta de matrículas en las universidades, sobretodo privadas, llamó la atención para la calidad de la enseñanza que era ofertada. Es por eso que, y considerando la diferencia de propuestas entre los actores, que el Estado, la comunidad universitária y los organismos internacionales pasaron a defender la realización de evaluaciones institucionales. El resultado a que se alcanzó las propuestas del gobierno se quedaron como incapaces de satisfacer la comunidad universitaria que pasó a denunciar el proceso de evaluación y, en buen sentido, lograron el objetivo de impedir que un proceso hecho sin criterios justos y adecuados pudiesen ser utilizadas para punir o recompensar las instituciones.

La no ejecución de todo el proyecto del gobierno Fernado Henrique Cardoso se sucedió en razón de la resistencia de la sociedad civil, que denunció el proyecto neoliberal y ha resistido a la implementación del proyecto, en primer lugar; y después por el proceso electoral, cuando el modelo neoliberal (al menos en parte) fue derrotado en las elecciones de 2002, especialmente como resultado de la profundización de la desigualdad y empeoramiento de la calidad de los servicios públicos percibidos por la población como un todo.

Es muy preocupante para la sociedad que el retroceso político que estamos viviendo en este momento pueda ser usado para se repensar aquello que fue hecho em Brasil desde 2002, cuando se acabó el gobierno FHC y se ha inaugurado una nueva y mejor fase en la historia de este país. Conquistas como la ampliación de la red de educación superior pública, aumento de las inversiones en investigaciones científicas y enseñanza superior, inversiones en estructura fisica de las universidades brasileñas están siendo repensadas por un gobierno que no fue elegido democraticamente por el voto (Michel Temer) y que ya está usando de su poder para repensar las conquistas obtenidas por la sociedad a traves de mucha lucha.

Bibliografía

ANDREWS, Cristina W. & KOUZMIN. Alexander. (1997) *"Dando nome a rosa": O discurso da nova administração pública no contexto brasileiro.* mimeo.

BANCO MUNDIAL. (1996) *La enseñanza superior: las lecciones derivadas de la experiência.* Washington.

BANCO MUNDIAL (1996). *Prioridades y estrategia para la educación: examen del Banco Mundial*. Washington.

BOLLMANN, Maria da Graça Nóbrega. (1997) LDB: do processo de construção democrática à aprovação anti-democrática. In: *Universidade e Sociedade*, n. 12, BRASIL. Lein. 9.394. (1998) *Lei de Diretrizes e Bases da Educação Nacional* (LDB). Brasília, 15 de mayo.

BRASIL. *Astrês formas de administração pública*. SITE: [http// www.mare.gov.br].

CASTRO, Maria Helena Guimarães. (2001) *Tomando o pulso: o que buscar no credenciamento institucional das universidades brasileiras? Série documental*, n. 9, Ministério da Educação – Instituto Nacional de Estudos e Pesquisas, Brasília.

CATANI, Afrânio Mendes. OLIVEIRA, João Ferreira. (2000) O sistema e a política de avaliação da educação pública no Brasil. In: *AVALIAÇÃO*, ano 5, n.3 (17), Campinas, set.

CHAUÍ, Marilena. (1998) A universidade hoje. *Revista Praga - Estudos marxistas*, Hucitec, São Paulo n. 6.

CHAUÍ, Marilena (1999) A universidade operacional. In: *AVALIAÇÃO*, ano 4, n. 3 (13), Campinas, set.

COSTIM, Claúdia. Os desafios da reforma do Estado. *Página do MARE* na INTERNET: [http//mare.gov.br/publicacoes/artigos/costim_ 1.htm].

CUNHA, LuizAntônio.(1997) Nova reforma do ensino superior: a lógica reconstruída. In: *Cadernos de Pesquisa*, n. 101. Fundação Carlos Chagas, julho.

CURY, Carlos Roberto Jamil. (1997). A educação superior na nova Lei de Diretrizes e Bases da educação nacional: uma nova reforma? In: *Cadernos de Pesquisa*, n. 101. Fundação Carlos Chagas, julho.

DIAS SOBRINHO, José. (1998) Programa de avaliação institucional das universidades brasileiras: construção do modelo e implicações. In: CATANI, Afrânio Mendes (org.). *Novas perspectivas de educação superior na América Latina no limiar do século XXI*. Editora autores associados, Campinas.

DIAS SOBRINHO, José. (2001). Avaliação: técnica e ética. In: *AVALIAÇÃO*, ano 6, n.3 (21), Campinas EXAME NACIONAL DE CURSOS. *Relatório Síntese*, 1998. Brasília, MEC/INEP.

EXAME NACIONAL DE CURSOS. *Relatório Síntese*, 1999). Brasília, MEC/INEP.

EXAME NACIONAL DE CURSOS. *Relatório Síntese*, (2000). Brasília, MEC/INEP.

FOLHA DE S. PAULO. (2001) Ministério favorece ensino privado, diz amiga de FHC. 23/07/2001.

GEBRAN, Maria Philomena (1998)C. O neoliberalismo na América Latira. In: *America Latina e Caribe e os desafios da nova ordem mundial. V Congresso da Sociedade Latino - Americana de Estudos sobre America Latina e Caribe* – SOLAR, Sao Paulo,

IANNI, Octávio. A visão mercadológica do governo e o distanciamento da sociedade. In: *Universidade e sociedade*, n. 12, fevereiro, 1997.

LEITE, Maria Cecília Lorea. (1998) *Avaliação e relações de poder: Paiub e Exame ncaional de Cursos*. Mimeo.

MOREIRA, Mauricio Mesquita (org.). (1999) *A economia Brasileira nos anos 90*. BNDES, Rio de Janeiro.

MURANAKA, Maria Aparecida Segatto & MINTO, Cesar Augusto, (1998). O capítulo "da educação superior" na LDB – uma análise. In: *Universidade e Sociedade*, n. 15, fevereiro.

PEREIRA, Luiz Carlos Bresser. Acrise do Estado – ensaios sobre economia brasileira. Editora Nobel, São Paulo, 1992.

PEREIRA, Luiz Carlos Bresser. (1995) *Crise Econômica e Reforma do Estado no Brasil: para uma nova interpretação da América Latina*. Editora 34, São Paulo.

PEREIRA, Luíz Carlos Bresser. 1995 "O tamanho do Estado". *Folha de S. Paulo*, 22 de Janeiro.

PINHEIRO, Armando Castelar, GIAMBIAGI, Fábio, GOSKORZEWICZ, Joana. *O desempenho macroeconômico do Brasil nos anos 90*. In: GIAMBIAGI, Fabio.

REVISTA do PROVÃO, (1999) Brasília, n. 4.

—. (2001) Brasília, n. 6, p. 17.

—. *Avaliação e qualidade.* Brasília, n. 6, p. 36.

SILVA, Monica Aparecida Rocha. (1999). *Reformas da educação superior da América Latina.* PROLAM/USP, São Paulo.

SILVA JR, João dos Reis & SGUISSARD, Valdemar. (1999). *Novas faces do ensino superior no Brasil: Reforma do Estado e mudança na produção.* Ed. Da Universidade São Franscisco, Bragança Paulista, S.P.

www.ingramcontent.com/pod-product-compliance
Lightning Source LLC
LaVergne TN
LVHW050541160826
845677LV00011B/2120

* 9 7 8 9 8 7 4 1 6 0 6 3 8 *